中央网信办培训中心推荐教材

关键信息基础设施安全保护通识

王秀军　主编

中国网络空间安全协会　编

人 民 出 版 社

责任编辑:宫　共
封面设计:源　源

图书在版编目(CIP)数据

关键信息基础设施安全保护通识/王秀军 主编;中国网络空间
　安全协会 编. —北京:人民出版社,2023.3
　ISBN 978-7-01-025332-9

Ⅰ.①关… 　Ⅱ.①王… ②中… 　Ⅲ.①信息技术–基础设施–
　安全管理 　Ⅳ.①G202

中国版本图书馆 CIP 数据核字(2022)第 246653 号

关键信息基础设施安全保护通识
GUANJIAN XINXI JICHU SHESHI ANQUAN BAOHU TONGSHI

王秀军　主编
中国网络空间安全协会　编

人民出版社 出版发行
(100706　北京市东城区隆福寺街 99 号)

北京汇林印务有限公司印刷　新华书店经销

2023 年 3 月第 1 版　2023 年 3 月北京第 1 次印刷
开本:880 毫米×1230 毫米 1/32　印张:7.875　字数:160 千字

ISBN 978-7-01-025332-9　定价:39.00 元

邮购地址 100706　北京市东城区隆福寺街 99 号
人民东方图书销售中心　电话 (010)65250042　65289539

目　录

前　言 ·· *001*

政策编 ·· *001*

　　一、习近平总书记关于关键信息基础设施安全

　　　　保护的重要论述 ······················ *001*

　　二、关键信息基础设施安全保护的工作原则 ······· *003*

　　1. 关键信息基础设施安全保护的基本工作原则包括哪些？······· *003*

　　2. 关键信息基础设施安全保护工作与总体国家安全观的

　　　　关系是什么？ ······························· *005*

　　3. 如何理解关键信息基础设施的整体性？ ·············· *006*

　　4. 在关键信息基础设施安全保护工作中，如何理解人防与

　　　　技防的关系？ ······························· *006*

　　5. 如何理解关键信息基础设施安全保护工作的动态特性？······· *008*

　　6. 如何理解关键信息基础设施安全保护工作的开放性？ ······· *009*

　　7. 如何理解关键信息基础设施安全保护工作的相对安全

　　　　原则？ ·································· *010*

8. 如何理解关键信息基础设施安全保护工作中参与人的
主体责任? ……………………………………… 011

三、关键信息基础设施安全保护要求 …………… 012

1. 关键信息基础设施安全保护对岗位人员方面的要求
有哪些? ……………………………………… 012

2. 关键信息基础设施安全保护对从业者教育培训方面的
要求有哪些? ………………………………… 013

3. 规划设计关键信息基础设施时需要注意哪些安全保护
方面的事项? ………………………………… 013

4. 关键信息基础设施的建设规范中需要包括哪些安全
保护方面的内容? …………………………… 014

5. 关键信息基础设施日常运维过程中的安全保护要求
有哪些? ……………………………………… 015

6. 如何处置关键信息基础设施的安全事件? ……… 015

四、关键信息基础设施安全保护关键环节实施指南 …… 016

1. 关键信息基础设施安全保护的实施流程是什么样的? ……… 016

2. 关键信息基础设施安全保护的识别认定应该做哪些工作? …… 017

3. 关键信息基础设施安全保护的安全防护应该做哪些工作? …… 017

4. 关键信息基础设施安全保护的检测评估应该做哪些工作? …… 017

5. 关键信息基础设施安全保护的监测预警应该做哪些工作? …… 018

6. 关键信息基础设施安全保护的事件处置应该做哪些工作? …… 018

法律编 ……………………………………………… 019

一、关键信息基础设施安全保护主要立法 …………… 019

1. 现行有关关键信息基础设施安全保护的法律法规有哪些? ····019

2. 关键信息基础设施安全保护现行标准主要有哪些? ···········021

二、关键信息基础设施安全保护一般规定 ········025

1. 《关键信息基础设施安全保护条例》的立法目的是什么? ·····025

2. 关键信息基础设施的定义是什么? ·····················026

3. 关键信息基础设施安全保护的原则是什么? ···············026

4. 为什么要对关键信息基础设施实施重点保护? ···············027

5. 《关键信息基础设施安全保护条例》是否适用来源于中国
境外的网络安全风险和威胁? ·······················028

三、关键信息基础设施安全保护监管体制 ········028

1. 《关键信息基础设施安全保护条例》确立了什么样的监管
体制? ··028

2. 如何理解关键信息基础设施安全保护中国家网信部门的
统筹协调职能? ·····································029

3. 公安部门在关键信息基础设施安全保护中的职责有哪些? ····030

4. 为什么要优先保障能源、电信等关键信息基础设施的
安全? ··031

四、关键信息基础设施的认定 ··············032

1. 关键信息基础设施认定规则由哪个部门来制定? ·············032

2. 制定关键信息基础设施认定规则主要考虑哪些因素? ·········033

3. 关键信息基础设施的认定由哪个部门负责及认定流程? ·······033

4. 关键信息基础设施的认定是否一成不变? ·················034

五、网络安全等级保护制度 ················035

1. 为什么说网络安全等级保护是关键信息基础设施保护的

基础？……………………………………………………035

2. 网络安全等级保护中各部门具体职责分工是什么？…………036

3. 等级保护标准 2.0 体系是什么？…………………………037

4. 在等级保护 2.0 体系下如何定级？………………………038

5. 等级保护工作中的定级将如何开展？……………………040

6. 等级保护 2.0 标准下的对象范围有什么变化？……………041

7. 网络安全等级保护的通用安全要求是什么？………………041

8. 网络安全等级保护的扩展要求是什么？…………………042

六、关键信息基础设施运营者的责任义务……………………043

1. 关键信息基础设施运营者如何全面落实安全保护义务？……043

2. 专门安全管理机构的设立要求和职责范围有哪些？…………044

3. 关键信息基础设施运营者如何开展测评和风险评估？………045

4. 发生重大网络安全事件或者发现重大网络安全威胁时，

关键信息基础设施运营者应该向哪个部门报告？……………045

5. 关键信息基础设施运营者如何履行供应链安全义务？………045

6. 关键信息基础设施运营者发生合并、分立、解散等

情况时，应当如何处置关键信息基础设施？………………049

7. 关键信息基础设施运营者处理国家秘密信息和使用

密码的特殊规定有哪些？…………………………………049

8. 关键信息基础设施的运营者收集和产生的个人信息和

重要数据出境需要遵守哪些规则？………………………050

七、关键信息基础设施安全的保障和促进……………………051

1. 关键信息基础设施安全规划由谁来制定？包括哪些内容？ ····051

2. 如何建立网络安全信息共享机制？ ·····························052

3. 什么是关键信息基础设施网络安全监测预警制度？ ·········052

4. 网络安全事件应急预案的作用是什么？ ·····················053

5. 如何开展关键信息基础设施网络安全检查检测？ ···········055

6. 在关键信息基础设施安全保护工作中，可以要求哪些

　部门提供技术支持和协助？ ····································056

7. 能否对关键信息基础设施实施漏洞探测、渗透性测试？ ·······057

8. 为什么要优先保障能源、电信等关键信息基础设施的

　安全？ ···057

八、法律责任 ··058

1. 什么是法律责任？ ···058

2. 违反《关键信息基础设施安全保护条例》，可能会承担

　哪些法律责任？ ··059

3. 违反《关键信息基础设施安全保护条例》，单位会受到

　什么处罚？ ···059

4. 违反《关键信息基础设施安全保护条例》，个人会受到

　什么处罚？ ···060

5. 关键信息基础设施运营者的哪些行为是违法的？ ···········061

6. 如果相关职能部门或工作人员不作为，会受到什么处罚？ ····062

7. 如何处理在关键信息基础设施安全保护工作中获取的

　信息？ ···063

8. 关键信息基础设施运营者违法在境外存储网络数据或者

违法向境外提供网络数据是否会受到处罚? ·········· *064*

技术编 ··· *065*

一、关键信息基础设施安全保护相关技术简介 ·········· *065*

1. 什么是网络安全? ····································· *065*

2.《关键信息基础设施安全保护条例》关于网络安全保护

技术基本要求包括哪些方面? ························ *065*

3. 常见的网络安全保护技术有哪些分类? ··········· *066*

二、密码技术 ·· *069*

1. 密码技术发展历程如何? ··························· *069*

2. 各发展阶段都有什么密码技术? ··················· *070*

3. 常用加解密技术及特点有哪些? ··················· *072*

4. 什么是哈希函数? ··································· *074*

5. 国密算法简介 ·· *075*

三、可信计算技术 ·· *076*

1. 什么是可信计算? ··································· *076*

2. 为什么说可信计算技术是一种"免疫"技术? ········· *076*

3. 在国家的主要信息安全规范中,有哪些法律法规对

可信计算提出了相关要求? 是如何表述的? ········· *078*

4. 我国可信计算技术都有哪些特点? ················· *079*

5. 可信计算技术与传统的安全技术相比有哪些特点? ····· *081*

6. 可信计算技术有哪些代表性应用? 应用场景有什么特点? ···· *081*

四、标识与认证技术 ······································ *083*

1. 什么是网络安全中的认证技术？网络安全中的认证技术

　主要包括哪几种？ ··083

2. 什么是站点认证技术？常用的站点认证技术有哪些？ ··········084

3. 什么是消息认证技术？常用的消息认证技术有哪些？ ··········085

4. 什么是身份认证技术？常用的身份认证技术有哪些？ ··········086

5. 什么是数字签名技术？常用的数字签名技术有哪些？ ··········087

6. 对认证技术进行攻击或者逆向篡改的思路主要有哪些？ ········088

7. 关键信息基础设施对于认证技术的要求有哪些？ ··············089

8. 什么是信息安全与网络安全中的数据安全标识技术？

　数据安全标识技术是如何分类的？ ··························089

9. 数据安全标识技术的标识结构如何？ ·······················090

10. 数据安全标识技术的应用通常分为哪几个阶段？ ·············091

11. 关键信息基础设施对于数据安全标识的要求或规定

　有哪些？ ··092

五、访问控制技术 ··093

1. 什么是访问控制？ ···093

2. 常用的访问控制策略有哪些？ ··································094

3. 关键信息基础设施对访问控制策略的更新和维护的要求

　有哪些？ ··095

4. 什么是网络安全的分区分域管理策略？ ·······················096

5. 安全区域主要分为哪几种类型？ ·······························097

6. 安全区域划分的原则有哪些？ ··································098

7.《关键信息基础设施安全保护条例》对于分区分域管理的

要求有哪些? ··*099*

8. 关键信息基础设施对于关键信息的访问控制防护能力的

要求有哪些? ··*100*

9. 什么是授权? 对授权的要求有哪些? ···············*101*

10. 什么是职责分离? 对于职责分离的要求有哪些? ··········*103*

11. 什么是最小特权? 对于最小特权的要求有哪些? ········*104*

12. 不同数据安全能力等级对个人信息、敏感信息及重要

数据的访问控制的要求有什么差别? ············*104*

13. 数据出入境安全管理对于重要数据访问控制能力的

要求有哪些? ··*106*

六、网络与系统安全防护技术 ····························*107*

1. 什么是网络与系统安全防护技术? ···················*107*

2. 操作系统的安全防护需求主要分为哪几类? ·········*107*

3. 关于操作系统的安全防护技术主要有多少种,分别是

什么? ···*108*

4. 传统防火墙技术存在哪些不足? ························*110*

5. 什么是关键信息基础设施网络准入控制? 关键信息基础

设施信息基础设施网络准入控制的类型有多少种? ·····*110*

6. 如何捕捉关键信息基础设施网络中的攻击行为? ·········*112*

7. 关键信息基础设施网络中如何防范恶意代码攻击? ·········*112*

8. 与网络和系统安全防护技术相关的国家标准都有哪些? ·····*114*

七、安全攻防与溯源技术 ····························*117*

1. 什么是网络安全攻防技术? ………………………………117

2. 与关键信息基础设施相关的安全攻防技术都有哪些? ………117

3. 关键信息基础设施中常见的网络攻击有哪些? ……………118

4. 什么是情报搜集技术? …………………………………118

5. 什么是口令攻击? 有多少种口令攻击的方式? …………119

6. 如何对关键信息基础设施进行渗透测试? 分为哪几个

   阶段? ……………………………………………………120

7. 什么是攻击溯源? ………………………………………121

8. 攻击溯源能解决什么问题? ……………………………121

9. 国内外攻击溯源能力现状如何? ………………………122

10. 攻击溯源有哪些关键技术? ……………………………123

11. 攻击溯源对我国关键信息基础设施保护有什么重要的

   意义? ……………………………………………………124

八、安全审计技术 ……………………………………………125

1. 什么是安全审计? ………………………………………125

2. 安全审计技术有哪些? …………………………………125

3. 关键信息基础设施网络中安全审计的对象有哪些? ………126

4. 不同的审计对象,审计的侧重点有哪些不同? …………127

5. 如何进行关键信息基础设施的安全审计工作? …………128

6. 安全审计技术有哪些应用案例? ………………………128

九、态势感知技术 ……………………………………………130

1. 什么是态势感知? 为什么要对关键信息基础设施开展

   态势感知? ………………………………………………130

2. 我国在态势感知方面有哪些规划，目前成果如何？ ……… *131*

3. 态势感知技术有哪些特点？ ……………………… *132*

4. 什么是数据治理？ ………………………………… *133*

5. 什么是数据分析？ ………………………………… *133*

6. 什么是态势展示？ ………………………………… *134*

7. 态势感知技术能解决什么问题？ ………………… *135*

8. 影响态势感知的要素有哪些？ …………………… *136*

十、应急处置技术 ……………………………………… *136*

1. 什么是应急处置？ ………………………………… *136*

2. 关键信息基础设施对应急处置有哪些要求？ …… *136*

3. 应急响应事件应该如何分类分级？ ……………… *137*

4. 应急响应过程分为哪几个阶段？ ………………… *137*

5. 应急响应关键技术有哪些？ ……………………… *138*

6. 应急响应小组如何组建？ ………………………… *138*

7. 应急响应计划规范应该如何写？ ………………… *139*

8. 应急响应事件报告如何写？ ……………………… *141*

9. 网络安全事件应急演练如何做？ ………………… *141*

10. 有哪些应急响应预案可以参考？ ……………… *142*

十一、安全监测技术 …………………………………… *142*

1. 什么是网络安全监测？为什么要对关键信息基础设施

开展监测预警？ …………………………………… *142*

2. 关键信息基础设施安全保护对网络安全监测有什么要求？ ···· *143*

3. 需要监测哪些内容，怎么分类？ ………………… *144*

4. 我国网络安全事件怎么分类? ……………………………… 144

5. 我国网络安全事件怎么分级? ……………………………… 146

6. 我国网络安全事件预警等级怎么划分? …………………… 147

7. 我国网络安全事件预警怎么响应? ………………………… 148

十二、灾备恢复技术 ………………………………………… 149

1. 什么是灾备恢复技术? 为什么要为关键信息基础设施建设

  灾备? …………………………………………………… 149

2. 关键信息基础设施所需要的灾备技术应遵循哪些规定与

  标准? …………………………………………………… 150

3. 全球主流的灾备技术、灾备系统架构有哪些? …………… 151

4. 我国的灾备技术有哪些特点? ……………………………… 152

5. 哪些主流灾备技术、灾备系统架构适用于关键信息基础

  设施? …………………………………………………… 156

6. 从业务视角出发,灾备恢复应该如何规划? ……………… 158

7. 多种不同等级的灾备应该如何进行综合评估? …………… 164

8. 关键信息基础设施责任单位的灾备管理组织机构应该如何

  设立? …………………………………………………… 168

9. 如何建设应急响应与灾难恢复的工作流程? 如何组织灾备

  预案的制定、演练与管理? ……………………………… 169

10. 独立的灾备中心应该如何运维与管理? …………………… 170

11. 我国有哪些面向灾备技术的监督管理、测评验收机制? …… 172

十三、新技术应用安全 ……………………………………… 172

1. 什么是云计算安全? 云计算安全的核心问题是什么? …… 172

2. 什么是零信任架构？ ································· 173

3. 什么是"云原生"？ ································· 175

4. 关键信息基础设施对于云安全的要求有哪些？ ·········· 176

5. 什么是软件的安全性？什么是软件安全开发？典型的

软件安全生命周期模型有哪些？关键信息基础设施对

于开发过程安全的要求有哪些？ ····················· 177

6. 什么是供应链安全？关键信息基础设施对于供应链

安全的要求有哪些？ ······························· 178

7. 什么是工业控制系统？工业控制系统安全的主要问题

有哪些？关键信息基础设施对于工业控制系统的安全

防护要求有哪些？ ································· 181

8. 什么是网络弹性？基于网络弹性工程方法构建关键

信息基础设施系统有哪些优点？ ····················· 183

9. 什么是数据伦理？数据伦理的代表性案例有哪些？ ····· 184

10. 什么是人工智能伦理？人工智能的伦理风险有哪些？ ···· 185

11. 国家对于人工智能的伦理道德基本要求有哪些？ ·········· 186

行业编 ·· 187

一、关键信息基础设施行业综述 ························· 187

二、公共通信和信息服务 ································· 191

1. 公共通信和信息服务行业涉及的范围是什么？ ·········· 191

2. 公共通信和信息服务行业涉及关键信息基础设施的网络

设施和信息系统有哪些？ ··························· 192

3. 公共通信和信息服务行业的关键信息基础设施有哪些
　特定的保护措施？ ·· *199*

三、能源 ··· *200*

1. 能源行业的范围有哪些？ ································ *200*

2. 能源行业涉及关键信息基础设施的网络设施和信息系统
　有哪些？ ·· *202*

3. 能源行业涉及关键信息基础设施的特殊保护措施有哪些？ ···· *203*

四、交通 ··· *206*

1. 交通行业的范围有哪些？ ································ *206*

2. 交通行业涉及关键信息基础设施的网络设施和信息系统
　有哪些？ ·· *207*

3. 交通行业涉及关键信息基础设施的特殊保护措施有哪些？ ···· *210*

五、水利 ··· *211*

1. 水利行业的范围有哪些？ ································ *211*

2. 水利行业涉及关键信息基础设施的网络设施和信息系统
　有哪些？ ·· *213*

3. 水利行业涉及关键信息基础设施的特殊保护措施有哪些？ ···· *214*

六、金融 ··· *215*

1. 金融行业的范围有哪些？ ································ *215*

2. 金融行业涉及关键信息基础设施的网络设施和信息系统
　有哪些？ ·· *216*

3. 金融行业涉及关键信息基础设施的特殊保护措施有哪些？ ···· *217*

七、公共服务 ··· *218*

1. 公共服务的范围有哪些？ ·······218

2. 公共服务涉及关键信息基础设施的网络设施和信息系统
有哪些？ ·······221

3. 公共服务涉及关键信息基础设施的特殊保护措施有哪些？ ····222

八、电子政务 ·······224

1. 电子政务的范围有哪些？ ·······224

2. 电子政务涉及关键信息基础设施的网络设施和信息系统
有哪些？ ·······225

3. 电子政务涉及关键信息基础设施的特殊保护措施有哪些？ ····226

九、国防科技工业 ·······227

1. 国防科技工业的范围有哪些？ ·······227

2. 国防科技工业涉及关键信息基础设施的网络设施和信息
系统有哪些？ ·······228

3. 国防科技工业涉及关键信息基础设施的特殊保护措施
有哪些？ ·······228

十、其他 ·······229

1. 其他重要行业和领域的重要网络设施、信息系统是否可能
构成关键信息基础设施？ ·······229

2. 非关键信息基础设施是否需要参与关键信息基础设施保护
体系？ ·······232

3. 如何理解关键信息基础设施与数据保护的关系？ ·······233

4. 如何理解关键信息基础设施与所有制关系？ ·······234

前　言

　　关键基础设施一般是指关系国家安全、国计民生、公共利益的重要行业和领域的设施，包括通信、能源、交通、水利、金融、科教文卫、国防等行业和领域的基础设施。关键基础设施中的重要网络设施、信息系统就是关键信息基础设施，它是确保关键基础设施得以有效控制和持续运转的不可或缺的要素。

　　近年来，我国国际地位不断提升，网络空间主权成为国家主权的一个新维度，维护网络空间主权的重心就是要让这一新兴空间里的关键信息基础设施不受攻击破坏。因此，建立健全网络安全尤其是关键信息基础设施保护的体系机制，是维护国家网络安全，建设网络强国的制度保障。2016 年《中华人民共和国网络安全法》正式通过，第三章第二节"关键信息基础设施的运行安全"中，首次提出关键信息基础设施安全保护要求。2017 年国家互联网信息办公室发布《关键信息基础设施安全保护条例（征求意见稿）》，面向全社会公开征求意见。2021 年 8 月 17 日，《关键信息基础设施安全保护条例》（以下简称《条例》）正式发布，并于 2021 年 9 月 1 日起施行。《条例》是《网络安全法》的重要配套法规之一，其颁布实施为完善关键信息基础设施保护体系，提升网络安全防护能力，提供了更具有操作性的法律依据，切实将《网络安全法》所规定的关键信息基础设施保护制度落到实处。至此，国家对网络空间安全及关键信息基础设施安全有了进一步的保护要求。

关键信息基础设施的运营者和各个保护工作部门应当认真学习和遵守《条例》规定，根据《条例》要求强化和落实主体责任，建立健全保护制度和责任制，加强教育培训，认真履行各项保护义务；同时充分发挥政府及社会各方面的作用，共同保护关键信息基础设施安全。为了更好地推进《条例》的贯彻实施，宣传普及关键信息基础设施安全保护的相关知识，为关键信息基础设施运营者提供安全保护方向和指导建议，中国网络空间安全协会组织学术界、实务界专家编写《关键信息基础设施安全保护通识》读本，供社会公众学习参考。本书分别从政策、法律、技术、行业四个方面作出详细描述。前两编主要从国家政策要求及法律条文出发，对关键信息基础设施提供保护方向框架。政策方面依据出台的相关规定和举措，分别对关键信息基础设施安全保护的工作要求、保护要求及关键环节的实施提供指南。法律方面依据《条例》中各章节要求，分别对关键信息基础设施安全保护的主要立法、一般规定、监管体制、认定、制度、责任义务、保障和促进、法律责任等方面进行指导描述。后两编主要从技术角度明确实践方法，并结合各行业特点进行扩展要求。技术方面依据等级保护要求，对密码安全、数据安全、攻防溯源、应急处置及监测预警等方面进行额外要求。行业方面依据《条例》要求，对通信、能源、交通、水利进行优先保护，并依据行业差异性进行重点要求。

参与本书编写的人员有：李欲晓、徐倩华、张健、赵宏志、谢永江、周丽娜、王源、宋明秋、罗远兴、周杨、史蕾、杨天识、孔令飞、张向拓、范雯丽、潘中英、廖双晓、姚尧、邓小龙、辛阳、王冲华、邵志杰、李芳、杨晓平、常新苗、马辉、黄恒、王峰、王涛、廖勇、彭铭、杨一心、夏文辉、仇钰娴、罗彬琦、田晋瑷、陶宇童，由谢永江、宋明秋、罗远兴、王源等负责统稿。同时感谢华为技术有限公司对本书编撰提供的支持。

政　策　编

一、习近平总书记关于关键信息基础设施安全保护的重要论述

1. 网络安全和信息化是相辅相成的。安全是发展的前提，发展是安全的保障，安全和发展要同步推进。我们一定要认识到，古往今来，很多技术都是"双刃剑"，一方面可以造福社会、造福人民，另一方面也可以被一些人用来损害社会公共利益和民众利益。从世界范围看，网络安全威胁和风险日益突出，并日益向政治、经济、文化、社会、生态、国防等领域传导渗透。特别是国家关键信息基础设施面临较大风险隐患，网络安全防控能力薄弱，难以有效应对国家级、有组织的高强度网络攻击。这对世界各国都是一个难题，我们当然也不例外。

（《在网络安全和信息化工作座谈会上的讲话》（2016 年 4 月 19 日），摘自《习近平关于网络强国论述摘编》，中央文献出版社 2021 年版，第 90—91 页）

2. 加快构建关键信息基础设施安全保障体系。金融、能

源、电力、通信、交通等领域的关键信息基础设施是经济社会运行的神经中枢，是网络安全的重中之重，也是可能遭到重点攻击的目标。"物理隔离"防线可被跨网入侵，电力调配指令可被恶意篡改，金融交易信息可被窃取，这些都是重大风险隐患。不出问题则已，一出就可能导致交通中断、金融紊乱、电力瘫痪等问题，具有很大的破坏性和杀伤力。我们必须深入研究，采取有效措施，切实做好国家关键信息基础设施安全防护。

（《在网络安全和信息化工作座谈会上的讲话》（2016 年 4 月 19 日），摘自《习近平关于网络强国论述摘编》，中央文献出版社 2021 年版，第 92 页）

3. 网络信息技术是全球研发投入最集中、创新最活跃、应用最广泛、辐射带动作用最大的技术创新领域，是全球技术创新的竞争高地。我们要顺应这一趋势，大力发展核心技术，加强关键信息基础设施安全保障，完善网络治理体系。

（《在十八届中央政治局第三十六次集体学习时的讲话》（2016 年 10 月 9 日），摘自《习近平关于网络强国论述摘编》，中央文献出版社 2021 年版，第 114 页）

4. 要加强关键信息基础设施安全保护，强化国家关键数据资源保护能力，增强数据安全预警和溯源能力。

（《在十九届中央政治局第二次集体学习时的讲话》（2017 年 12 月 8 日），摘自《习近平关于网络强国论述摘编》，中央文献出版社 2021 年版，第 97 页）

5. 关键信息基础设施是网络安全防护的重中之重。金融、能源、电力、通信、交通等领域的关键信息基础设施是经济社会运行的神经中枢，也是网络攻击的重点目标，不出事则已，一出事就是大事。要加强网络安全检查，摸清家底，明确保护范围和对象，及时发现隐患、修补漏洞，做到关口前移，防患于未然。要强化不同地区、不同行业、不同领域关键信息基础设施之间的威胁信息共享，加强协同应对，着力构建全国一体化的关键信息基础设施安全保障体系。要落实关键信息基础设施防护责任，行业、企业作为关键信息基础设施运营者承担主体防护责任，主管部门履行好监管责任。在党政军等重要网络系统中要坚定不移推进国产化进程，提升网络产品和服务自主可控水平。

（《在全国网络安全和信息化工作会议上的讲话》（2018 年 4 月 20 日），摘自《习近平关于网络强国论述摘编》，中央文献出版社 2021 年版，第 98—99 页）

二、关键信息基础设施安全保护的工作原则

1. 关键信息基础设施安全保护的基本工作原则包括哪些？

在关键信息基础设施安全保护的工作当中，应当遵循整体保护、动态保护、开放保护、相对保护和共同保护等原则。

（1）遵循整体保护原则，是指立足于整体观，从业务系统、网络设施、重要数据以及关系人等多个角度整体考虑，将

关键信息基础设施保护列为网络安全工作的重中之重。关键信息基础设施是一个有机统一的整体，形成关键信息基础设施的各要素之间高度互联并且高度依存，紧密相连而融为一体。在其安全保护工作中，要从工作全局出发，需要从整体上加以考虑，坚持整体地看问题，整体地做工作，统筹运用管理手段与技术手段充分地对其加以保护。

（2）遵循动态保护原则，是指要充分认识到关键信息基础设施是承载和影响行业关键业务的复杂有机体，是当代社会正常运转的基础之一，兼具结构复杂性和行为复杂性且与关系人基于时间的规模复杂性相耦合，必须在其安全保护过程中保持博弈的动态适应能力，随时感知和应对突发的威胁或挑战。

（3）遵循开放保护原则，是指应当认识到关键信息基础设施在供应链（包括产品和服务、人才与技术等）方面具有的开放固有属性，应当建立并充分利用信息共享的机制，立足开放环境为关键信息基础设施安全保护寻求技术与资源的整合，实现关键信息基础设施保护工作部门、运营者和网络安全服务机构之间的能力对接与协同，及时汇总、研判、共享网络安全威胁与漏洞方面的情报信息，共同应对网络安全事件。

（4）遵循相对保护原则，是指对关键信息基础设施的安全保护是一个过程，过程蕴含着风险，需要将安全保护资源合理投送，投送到最可能发挥其作用的地方和环节之中。必须结合特定环境和特定时间的需要，以适度的代价谋求相对足够的安全保护效果。安全措施要与损害程度相适应。

（5）遵循共同保护原则，是指保护关键信息基础设施网络安全不是某个部门、某个机构的"一家之事"，而是全社会共同的责任，应当各负其责、发挥各自优势作用，共同努力，共筑关键信息基础设施安全保护屏障。党和政府要承担监督和管理的责任，关键信息基础设施运营者要承担相关的主体责任，安全服务机构要承担专业技术服务保障的责任，各主体都不能放弃或者推诿自己的责任。

2. 关键信息基础设施安全保护工作与总体国家安全观的关系是什么？

关键信息基础设施保护是网络安全工作的重中之重。关键信息基础设施的安全对国家安全、社会稳定、公共利益牵一发而动全身，同许多其他方面的安全都有着密切关系。习近平总书记指出："网络安全是整体的而不是割裂的。在信息时代，网络安全对国家安全牵一发而动全身，同许多其他方面的安全都有着密切关系。"（《在网络安全和信息化工作座谈会上的讲话》（2016年4月19日），习近平《论党的宣传思想工作》，中央文献出版社2020年版，第202—203页）我国在网络安全和信息化发展进程中，要牢牢把握网络安全的整体性特点。不能割裂网络安全与整体国家安全的关系而单独地看待网络安全问题；不能割裂网络安全管理与安全防护技术的联系而片面地开展保护工作；不能割裂被保护对象之间的关联而简单地确定保护范围。

我们需要提高思想认识，从总体国家安全观的角度辩证地把握网络发展的利弊，以联系的辩证发展观处理网络安全工作，以"四个意识"守护好国家网络安全屏障，切实筑牢网络安全大堤，守卫国家网络安全秩序。对于关键信息基础设施的保护需要从全局出发，综合运用管理与技术的手段，从信息系统、网络设备、关键数据以及关系人等多个角度整体考虑，要秉承网络安全工作的整体观。

3. 如何理解关键信息基础设施的整体性？

关键信息基础设施不是分立系统或分立系统的组合。一个关键信息基础设施可以包含若干相互关联的系统。认定关键信息基础设施首先要确定关键业务是什么，根据关键业务对其支撑系统的依赖程度和可能造成的损失才能最终确定关键信息基础设施。而确定业务对其支撑系统的依赖程度，则需要考虑支撑业务的系统与其他相关系统之间的关联关系，是从功能实现的角度看待关键信息基础设施的范围，而不是从系统的角度去看待关键信息基础设施。关键信息基础设施并不受地理空间和逻辑资源归属的限制。这就是关键信息基础设施所具有的整体属性。

4. 在关键信息基础设施安全保护工作中，如何理解人防与技防的关系？

在关键信息基础设施安全保护工作中，应当坚持人防与技防并重。网络安全不是安全产品的简单堆砌，也不是对西方经验削足适履的"拿来主义"。关键信息基础设施是网络空间的物理基础和逻辑基础，是人通过开发、部署和操作技术手段利用关键信息基础设施在网络空间开展活动，因此，关键信息基础设施安全保护工作的核心应当归结为对人的行为的防范和对抗。唯有人防和技防结合起来，才能打造坚不可摧的安全防范体系。

人防和技防并重，是中央对关键信息基础设施保护工作的一项重要政策性要求，是新时代应对关键行业网络安全工作面临的新情况、新问题、新挑战的重要对策，可以解决关键信息基础设施保护工作缺乏抓手的问题、转型困难的问题、工作效能不高的问题。新形势下，针对关键信息基础设施的攻防斗争具有高科技抗衡的特点，关键信息基础设施安全更多地依赖人员安全素质和现代技术手段，安全保护要求更高、难度更大，加强"人防"和"技防"建设是应对新时代信息安全严峻形势的必然要求。

关键信息基础设施安全保护，人是关键，人的安全教育和管理要放在关键信息基础设施保护工作的首位，安全宣传教育要覆盖到各个部门、各个部位、各个岗位，注重对人的保护意识、保护知识、保护技能的教育和培养，注重提升各级人员的网络安全素质和能力。关键信息基础设施涉及的各级领导干部和使用人员要从思想观念上懂得，保护好关键信息基础设施是一种政治责任和法律义务，从行为方式上养成正确的行为习惯。做好关键信息基础设施保护工作，同时对技防也提出了迫切需求。要有效保护关键信息基础设施，必须构建人防和技防并重的综合保护体系。

5. 如何理解关键信息基础设施安全保护工作的动态特性?

习近平总书记指出:"网络安全是动态的而不是静态的。信息技术变化越来越快，过去分散独立的网络变得高度关联、相互依赖，网络安全的威胁来源和攻击手段不断变化，那种依靠装几个安全设备和安全软件就想永保安全的想法已不合时宜，需要树立动态、综合的防护理念。"(《在网络安全和信息化工作座谈会上的讲话》(2016 年 4 月 19 日)，习近平《论党的宣传思想工作》，中央文献出版社 2020 年版，第 202—203 页)

网络安全问题是动态的。网络安全的本质在对抗，对抗的本质在攻防两端能力较量。攻击者技术不断更新，网络安全防御技术就要在与安全威胁的对抗中持续提升。对关键信息基础设施实施有效保护的根本是能够针对实时变化的风险，采取针对性的防护措施。这个过程本身体现动态性，需要在全面、动态掌握和感知网络安全态势的基础上开展保护工作。感知网络安全态势既包括对安全基线的全面掌握，也包括动态地发现形势发生的变化。

从管理角度对关键信息基础设施安全管理制度、安全管理机构、人员安全管理、系统建设管理和系统运维管理建立保护规范，能够从技术角度为关键信息基础设施建立保护基线。通过基线的刻画，能够掌握关键信息基础设施安全保护的基本态势。"维护网络安全，首先要知道风险在哪里，是什么样的风险，什么时候发生风险，正所谓'聪者听于无声，明者见于未形'。感知网络安全态势是最基本最基础的工作。"（《在网络安全和信息化工作座谈会上的讲话》（2016 年 4 月 19 日），习近平《论党的宣传思想工作》，中央文献出版社 2020 年版，第203—204 页）在网络空间中，关键信息基础设施组成要素、所处环境和面临的风险都在随时间变化而变化，安全防护就需要及时掌握这种变化，并随着变化更新防护策略，形成动态防护。否则，就会造成信息不对称、防护不得力。

6. 如何理解关键信息基础设施安全保护工作的开放性？

习近平总书记指出："网络安全是开放的而不是封闭的。只有立足开放环境，加强对外交流、合作、互动、博弈，吸收先进技术，网络安全水平才会不断提高。"（《在网络安全和信息化工作座谈会上的讲话》（2016 年 4 月 19 日），习近平《论党的宣传思想工作》，中央文献出版社 2020 年版，第 202—203 页）

一方面，参与主体需要坚持开放性。关键信息基础设施安全保护工作是复杂的技术性对抗，没有哪个机构、哪家企业能够依靠自身的能力做好网络安全工作。全社会需要共同努力，营造网络安全产业生态，共同打造形成包括政策研究、技术保障、安全评估的全方位、立体化的支撑体系。

另一方面，网络安全信息需要坚持开放共享。国家网信部门应当统筹协调有关部门建立网络安全信息共享机制，及时汇总、研判、共享、发布网络安全威胁、漏洞、事件等信息，促进有关部门、保护工作部门、运营者以及网络安全服务机构等之间的网络安全信息共享。

7. 如何理解关键信息基础设施安全保护工作的相对安全原则？

安全是发展的前提，发展是安全的保障，安全和发展要同步推进。安全不是一个状态而是一个过程，过程充满不确定性。习近平总书记指出："网络安全是相对的而不是绝对的。"（《在网络安全和信息化工作座谈会上的讲话》（2016 年 4 月 19日），习近平《论党的宣传思想工作》，中央文献出版社 2020年版，第 202—203 页）网络安全是一种适度安全。适度安全是指与因非法访问、信息失窃、网络破坏而造成的危险和损害相适应的安全，即安全措施要与损害程度相适应。采取安全措施是需要成本的，对于危险较小或损害较少的信息系统采取过于严格或过高标准的安全措施，有可能牺牲发展，得不偿失。

认识到网络安全的相对性，就需要合理投送安全保护所需的人力、资金、技术和物资等资源。关键信息基础设施的网络安全是一个过程，应当从个体、组织以及国家层级的网络安全风险及风险承受力的差异出发，聚焦于结果和绩效，制定基于风险的解决方案，建立以实时监测为基础的、基于风险的绩效评估，在静态的安全评估的基础上实施动态的持续监测，迅速发现脆弱性，主动防范攻击，从而实现网络安全保护从反应性、防御性向适应性的转变。

8. 如何理解关键信息基础设施安全保护工作中参与人的主体责任？

习近平总书记指出："网络安全是共同的而不是孤立的。网络安全为人民，网络安全靠人民，维护网络安全是全社会共同责任，需要政府、企业、社会组织、广大网民共同参与，共筑网络安全防线。"（《在网络安全和信息化工作座谈会上的讲话》（2016 年 4 月 19 日），习近平《论党的宣传思想工作》，中央文献出版社 2020 年版，第 202—203 页）按照谁主管谁负责、属地管理的原则，各级党委（党组）对本地和本级关键信息基础设施安全保护工作负有主体责任，领导班子主要负责人是第一责任人，主管网络安全的领导班子成员是直接责任人。政府在协调国家关键信息基础设施保护和关乎国家安全工作中要发挥主导作用；企业在网络安全技术、产品、建设、运维等方面要发挥主体作用；社会组织机构在促进产业发展、产业化协调中要发挥主要作用；个人在掌握网络安全技能中提升能力，要发挥主动作用。总之，关键信息基础设施安全保护工作各参与主体要发挥各自优势作用，共筑网络安全长城。

三、关键信息基础设施安全保护要求

1. 关键信息基础设施安全保护对岗位人员方面的要求有哪些?

关键信息基础设施的运营者应当建设专门的岗位人员管理体系并统一纳入到国家统一的岗位人员统筹管理体系中,以解决岗位人员数量和类型多、涉及行业和运营单位广、地区分散、培训体系不统一、人员流动性大、人员资格审批和状态监测难等信息不统一、沟通不畅和不透明的问题,实现岗位人员信息的一体化数字化管理。

关键信息基础设施的运营者应当设立关键信息基础设施的系统管理员、网络管理员、安全管理员等岗位,定义各个工作岗位的职责,配备一定数量的工作人员。

关键信息基础设施的运营者应当对专门安全管理机构负责人和关键岗位人员进行安全背景审查,对其所具有的技术技能进行考核;专门安全管理机构负责人和关键岗位人员要签署保密协议。人员离岗时要及时终止离岗员工的所有系统权限;取回各种身份证件、钥匙、徽章等以及机构提供的软硬件设备;办理严格的调离手续,并承诺调离后的保密义务方可离开。建立保密制度并定期或不定期地对保密制度执行情况进行检查或考核,对考核结果进行记录并保存。

2. 关键信息基础设施安全保护对从业者教育培训方面的要求有哪些？

关键信息基础设施运营者安全管理人员、安全技术人员培训应纳入国家继续教育体系。各岗位人员应持续进行意识教育、专业技能教育和人员资质教育并纳入人员考核。

对各类人员进行安全意识教育、岗位技能培训和相关安全技术培训和考试；对安全责任和惩戒措施进行书面规定并告知相关人员，对违反违背安全策略和规定的人员进行惩戒；对定期安全教育和培训进行书面规定，针对不同岗位制定不同的培训和考试计划，对关键信息基础设施安全的法制法规、基础知识、岗位操作规程等进行培训和考试；对安全教育和培训考试的情况和结果进行记录并归档保存。

3. 规划设计关键信息基础设施时需要注意哪些安全保护方面的事项？

关键信息基础设施运营者应在完善现有系统的网络与信息安全保护体系建设的基础上，建立适合本单位的关键信息基础设施网络安全保护计划，确保网络与信息安全保障工作与新建系统和新兴业务整体规划、同步建设和协调发展，按照国家有关网络安全技术标准和规范的要求，按比例纳入相应预算，切实保障网络与信息安全建设的资金投入和运行维护费用，确保关键信息基础设施的可靠性、安全性和生存能力。规划应明确关键信息基础设施网络安全保护工作的目标、安全需求、安全策略、组织架构、人员要求、培训计划、管理制度、措施要求实施细则及资源保障等，总体规划应能够描述关键信息基础设施保护的作用，包括技术、管理等方面。

4. 关键信息基础设施的建设规范中需要包括哪些安全保护方面的内容？

在关键信息基础设施的建设过程中，应当包括以下内容：

（1）在关键信息基础设施的建设规范中，应明确包括项目管理方法方面的要求，进行规范管理，控制过程，保证关键信息基础设施建设工作的整体质量。关键信息基础设施运营者在新建关键信息基础设施时，应将相关情况报告国家行业主管或监管部门；明确工作目标、工作内容、工作范围和工作特点，制定合理的建设方案，通过合同条款落实承包商、系统集成商和有关厂商的安全责任，委托监理机构，参与对工程建设过程的监理。

（2）在关键信息基础设施的建设过程中，应设计并实施完整的项目建设管控方案及流程，确定质量经理，负责监管和控制项目实施质量，确保项目进度和关键信息基础设施在建过程的安全，必要时及时更改和完善项目计划和安全制度。进行安全自查分析并发现安全威胁与脆弱性，应对敏感数据泄露和传播等风险进行把控。当项目建设需要变更时，应进行系统变更管理，将管理要求反馈到安全运行与管理活动中。

（3）在关键信息基础设施的建设中，监理机构通过监理工作，参与到关键信息基础设施建设招投标、承建合同签订、工程设计、工程实施及工程验收阶段；根据监理合同编制监理规划，建议关键信息基础设施建设单位和承建单位根据验收合同及相关部门颁发的有关文件、规范等进行项目验收。

5. 关键信息基础设施日常运维过程中的安全保护要求有哪些？

关键信息基础设施日常运维过程中需要做到资产管理、监测感知、安全加固、检测评估、容灾备份和安全退服等安全保护工作，从全生命周期管控的角度，分阶段、分步骤有序开展安全保护。需要兼顾管理体系和技术体系，建立健全应急保障工作机制，保持内外部协作。

运维人员需养成良好的安全习惯和工作习惯，提高安全意识，定期参加培训并接受安全专业技能考核。安全管理人员需日常组织做好关键信息基础设施的访问控制和边界防护，做好权限管理和供应链管控、做好密钥管理、服务管理、代码管理和应用选型等，做好审批、审核和评估工作，做好数据安全管控和审计工作。

6. 如何处置关键信息基础设施的安全事件？

处置关键信息基础设施的安全事件，应当注重事前的应急准备并常态化开展应急演练；应当注重事中的响应处置并坚持边处置边报告，迅速控制事态蔓延；应当注重事后查处总结、闭环管理，不断提高关键信息基础设施应对安全事件的能力和水平。

网络安全应急预案应形成体系，相互衔接，应经专家评审并由保护工作部门审查备案。应每年定期修订应急预案并组织进行演练，并根据演练情况不断校正应急准备工作。

四、关键信息基础设施安全保护关键环节实施指南

1. 关键信息基础设施安全保护的实施流程是什么样的？

关键信息基础设施网络安全保护包括识别认定、安全防护、检测评估、监测预警、事件处置五个环节（见图1）。

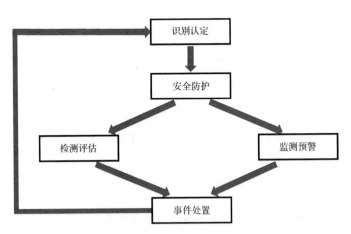

图1　关键信息基础设施网络安全保护各环节关系图

2. 关键信息基础设施安全保护的识别认定应该做哪些工作？

在识别认定环节，运营者配合保护工作部门，按照相关规定开展关键信息基础设施识别和认定活动，围绕关键信息基础设施承载的关键业务，开展业务依赖性识别、风险识别等活动。本环节是开展安全防护、检测评估、监测预警、事件处置等环节工作的基础。

3. 关键信息基础设施安全保护的安全防护应该做哪些工作？

在安全防护环节，运营者根据已识别的安全风险，实施安全管理制度、安全管理机构、安全管理人员、安全通信网络、安全计算环境、安全建设管理、安全运维管理等方面的安全控制措施，确保关键信息基础设施的运行安全。本环节在识别关键信息基础设施安全风险的基础上制定安全防护措施。

4. 关键信息基础设施安全保护的检测评估应该做哪些工作？

在检测评估环节，为检验安全防护措施的有效性，发现网络安全风险隐患，运营者应制定相应的检测评估制度，确定检测评估的流程及内容等要素，并分析潜在安全风险可能引起的安全事件。

5. 关键信息基础设施安全保护的监测预警应该做哪些工作？

在监测预警环节，运营者应制定并实施网络安全监测预警和信息通报制度，针对即将发生或正在发生的网络安全事件或威胁，提前或及时发出安全警示。

6. 关键信息基础设施安全保护的事件处置应该做哪些工作？

在事件处置环节，应对网络安全事件进行及时处置，并根据检测评估、监测预警环节发现的问题，运营者制定并实施适当的应对措施，恢复由于网络安全事件而受损的功能或服务。

法　律　编

一、关键信息基础设施安全保护主要立法

1. 现行有关关键信息基础设施安全保护的法律法规有哪些？

我国的关键信息基础设施安全保护法律制度体系正在形成，由"法律—行政法规—部门规章—其他规范性文件—国家标准／行业标准"构成。（见图2）。

图2　法律制度体系构成图

（1）法律。主要包括以下两部法律：一是《国家安全法》，2015 年 7 月 1 日发布并施行，法律层面首次强调实现网络和信息核心技术、关键信息基础设施和重要领域信息系统及数据的安全可控。二是《网络安全法》，2016 年 11 月 7 日发布，自 2017 年 6 月 1 日起施行。该法首次在法律层面界定关键信息基础设施的定义，规定国家网信部门统筹协调关键信息基础设施的保护工作，并初步明确了关键信息基础设施运营者的安全保护义务。此外，《数据安全法》《个人信息保护法》《密码法》等对关键信息基础设施运营者在数据安全、个人信息保护和商用密码使用方面做了原则规定。

（2）行政法规。主要是《关键信息基础设施安全保护条例》，2021 年 7 月 30 日由国务院发布，2021 年 9 月 1 日起正式施行。《关键信息基础设施安全保护条例》延续了《网络安全法》确立的监管体制，强化了关键信息基础设施运营者的安全保障义务，并细化规定违反安全保护措施的法律责任。

（3）部门规章和其他规范性文件。部门规章目前主要有国家网信办等 13 个部门联合修订发布的《网络安全审查办法》，国家网信办《数据出境安全评估办法》，将关键信息基础设施运营者采购网络产品和服务纳入网络安全审查范围，对关键信息基础设施运营者等向境外提供重要数据和个人信息前的网信部门安全评估作出规定。其他涉及关键信息基础设施的规范性文件或党内法规包括中央网信办发布的《关于加强党政部门云计算服务网络安全管理的意见》和国家网信办等 4 部门发布的《云计算服务安全评估办法》，公安部的《贯彻落实网络安全等级保护制度和关键信息基础设施安全保护制度的指导意见》。此外，国务院《政务信息资源共享管理暂行办法》、中央网信办《国家网络安全检查操作指南》、工信部《公共互联网网络安全威胁监测与处置办法》、交通运输部《数字交通发展规划纲要》等多份文件、国家卫健委《国家健康医疗大数据标准、安全和服务管理办法（试行）》等，也包含部分关键信息基础设施的规定。

2. 关键信息基础设施安全保护现行标准主要有哪些？

《关键信息基础设施安全保护条例》第 34 条提出制定和完善关键信息基础设施安全标准，通过技术保护措施和其他必要措施，进一步规范、完善关键信息基础设施的安全保护工作。

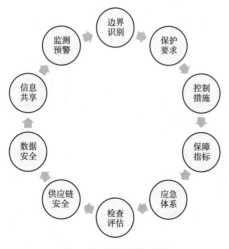

图 3　标准体系构成图

　　我国关键信息基础设施国家标准从边界识别、保护要求、控制措施、保障指标、应急体系、检查评估、供应链安全、数据安全、信息共享、监测预警等十个方面进行规定，各项国家标准尚在研制中。普遍适用于各行业或领域的制定中的国家标准制定现状如下：

表 1　关键信息基础设施标准制定现状

标准名称	编制单位	公布日期	备注说明
《信息安全技术 关键信息基础设施网络安全框架（草案）》	解放军信息安全测评中心等	研究中，未公布	基础标准，阐明构成框架的基本要素及其关系，统一通用术语和定义
《信息安全技术 关键信息基础设施安全保障指标体系》（报批稿）	大唐电信科技产业集团（电信科学技术研究院）牵头，国家信息中心等单位	2017 年 8 月 30 日	用于评价我国关键信息基础设施安全保障的现状，包括建设情况、运行情况以及所面临的威胁等
《信息安全技术 关键信息基础设施安全检查评估指南》（报批稿）	中国互联网络信息中心牵头，国家计算机网络应急技术处理协调中心等单位	2017 年 8 月 30 日	提供了关键信息基础设施检查评估工作的方法、流程和内容。(2018 年 11 月 8 日，全国信息安全标准化技术委员会秘书处在北京召开了试点工作启动会)
《信息安全技术 关键信息基础设施安全控制措施》（征求意见稿）	中国信息安全研究院有限公司牵头，中国电子技术标准化研究院等单位	2018 年 6 月 11 日	规定了关键信息基础设施运营者在风险识别、安全防护、检测评估、监测预警、应急处置等环节应实现的安全控制措施

续表

标准名称	编制单位	公布日期	备注说明
《信息安全技术关键信息基础设施网络安全保护基本要求》（报批稿）	北京赛西科技发展有限责任公司牵头，中国电子技术标准化研究院等单位	2018年6月11日	从识别认定、安全防护、检测评估、监测预警、应急处置等环节，提出关键信息基础设施保护要求。（2019年12月3日，全国信息安全标准化技术委员会秘书处启动试点工作，在电信、广电、能源、交通、金融、卫生健康等重点行业和领域选取了12家单位开展试点工作）
《信息安全技术关键信息基础设施安全控制评估方法》	国家信息中心牵头，中国信息安全研究院有限公司等单位	研究中，未公布	/
《信息安全技术关键信息基础设施服务机构通用要求》	中国电子技术标准化研究院牵头，中国信息安全认证中心等单位	研究中，未公布	/
《信息安全技术国家关键信息基础设施信息共享规范》	浙江省信息安全行业协会牵头，杭州安恒信息技术有限公司等单位	研究中，未公布	/
《信息安全技术关键信息基础设施安全等级保护技术框架》	公安部第三研究所牵头，中国电子科技集团公司第十五研究所等单位	研究中，未公布	/

续表

标准名称	编制单位	公布日期	备注说明
《信息安全技术 关键信息基础设施安全防护能力评价方法》（征求意见稿）	中国交通通信信息中心牵头，中国电子技术标准化研究院等单位	2020 年 8 月 10 日	对关键信息基础设施的安全性和可能存在的风险进行检测评估，提高其安全保护水平
《信息安全技术 关键信息基础设施信息技术产品供应链安全要求》（征求意见稿）	中国电子技术标准化研究院牵头，阿里云计算有限公司等单位	2020 年 7 月 27 日	规定了信息技术产品供应方和需求方应满足的供应链基本安全要求。适用于政务信息系统、关键信息基础设施的信息技术产品供应链安全管理活动。原名称为《信息安全技术 信息技术产品供应链安全要求》
《信息安全技术 关键信息基础设施边界确定方法（征求意见稿)》	国家信息技术安全研究中心牵头，国家能源局信息中心等单位	2020 年 8 月 10 日	关键信息基础设施形态组成和关键信息基础设施边界识别方法、模型、原则、流程
《信息安全技术 关键信息基础设施安全监测预警要求》	奇安信科技集团股份有限公司牵头，中国移动通信集团有限公司等单位	研究中，未公布	/

资料来源：全国信息安全标准化技术委员会秘书处（网址：www.tc260.org.cn）。

此外，重要行业和领域的主管部门、监督管理部门作为关键信息基础设施保护工作部门以及各行业标准制定单位，也将制定或者已经制定关键信息基础设施安全保护的行业标准等。

二、关键信息基础设施安全保护一般规定

1.《关键信息基础设施安全保护条例》的立法目的是什么?

根据《关键信息基础设施安全保护条例》（以下简称《条例》）第 1 条的规定，《条例》的立法目的只有一个，即：保障关键信息基础设施安全，进而维护网络安全。

关键信息基础设施是经济社会运行的神经中枢，是网络安全的重中之重。《条例》的出台对于保障关键信息基础设施安全，对于维护国家网络空间主权和国家安全、保障经济社会健康发展、维护公共利益和公民合法权益具有重大意义。

当前，关键信息基础设施面临的网络安全形势日趋严峻，网络攻击威胁上升，事故隐患易发多发，安全保护工作还存在法规制度不完善、工作基础薄弱、资源力量分散、技术产业支撑不足等突出问题。《条例》进一步落实《网络安全法》的规定，确立监督管理体制，明确关键信息基础设施的认定规则，规范运营者安全保障义务，加强安全保障和促进措施，明确各主体的法律责任，从而防范境内外的网络安全风险和威胁，实现对关键信息基础设施的重点保护。

2. 关键信息基础设施的定义是什么?

根据《关键信息基础设施安全保护条例》第 2 条的规定,关键信息基础设施,是指公共通信和信息服务、能源、交通、水利、金融、公共服务、电子政务、国防科技工业等 8 大重要行业和领域的,以及其他一旦遭到破坏、丧失功能或者数据泄露,可能严重危害国家安全、国计民生、公共利益的重要网络设施、信息系统等。

对于重要网络设施和信息系统的范围,根据公安部《贯彻落实网络安全等级保护制度和关键信息基础设施安全保护制度的指导意见》的规定,重要网络设施和信息系统包括符合认定条件的基础网络、大型专网、核心业务系统、云平台、大数据平台、物联网、工业控制系统、智能制造系统、新型互联网、新兴通信设施等重点保护对象。

3. 关键信息基础设施安全保护的原则是什么?

根据《关键信息基础设施安全保护条例》第 4 条的规定,关键信息基础设施安全保护坚持综合协调、分工负责、依法保护的原则。强化和落实运营者主体责任,充分发挥政府及社会各方面的作用,共同保护关键信息基础设施安全。

压实各方面的责任是关键信息基础设施安全保护工作总体思路的重要方面,包括运营者的主体责任,保护部门的协调统筹监督管理责任,也有社会各方面的协同配合和监督责任。运营者的主体责任是基础、是关键,目标是要形成一个关键信息基础设施安全保护的责任体系。

压实主体责任，就是按照"谁运营、谁负责"的原则，在总则对运营主体责任进行原则规定，在专章进行细化规定。

落实保护主体责任，就是按照"谁主管、谁负责"的原则，明确保护工作部门对本行业、本领域关键信息基础设施的安全保护和监督管理责任。

落实职能部门责任，在国家网信部门统筹协调下，公安部门负责指导监督，电信主管部门和其他有关部门依照本条例和有关法律、行政法规的规定，在各自职责范围内负责安全保护和监督管理工作。

此外，省级人民政府有关部门依据各自职责对关键信息基础设施实施安全保护和监督管理。

4. 为什么要对关键信息基础设施实施重点保护？

一方面，关键信息基础设施涉及的金融、能源、通信、电力等重点行业和领域与国家安全、经济繁荣、人民利益息息相关，具有战略性和基础性的地位，是各国在网络空间军备竞争博弈的核心焦点。为此，党和国家高度重视关键信息基础设施的安全保护工作，做出一系列的重大决策部署。

另一方面，互联网技术本身存在脆弱性，而大数据、云计算、人工智能和物联网等新兴技术的快速应用，使关键信息基础设施面临的安全威胁呈现指数递增的态势。

近年来，各国已经陆续出现诸如南非司法部被恶意加密、美国石油大动脉科洛尼尔管道运输公司遭勒索软件攻击、东京证券交易所系统故障关停等威胁关键信息基础设施安全的恶性事件。我国 2017 年也发生过永恒之蓝勒索病毒事件。在严峻的安全风险和隐患面前，重点保护关键信息基础设施的必要性不言而喻。

5.《关键信息基础设施安全保护条例》是否适用来源于中国境外的网络安全风险和威胁？

《网络安全法》规定，国家采取措施，监测、防御、处置来源于中华人民共和国境内外的网络安全风险和威胁，保护关键信息基础设施免受攻击、侵入、干扰和破坏，依法惩治网络违法犯罪活动，维护网络空间安全和秩序。

《关键信息基础设施安全保护条例》既适用于中国境内，也适用来源于中国境外的网络安全风险和威胁，国家依法惩治危害关键信息基础设施安全的违法犯罪活动。任何个人和组织不得实施非法侵入、干扰、破坏关键信息基础设施的活动，不得危害关键信息基础设施安全。

三、关键信息基础设施安全保护监管体制

1.《关键信息基础设施安全保护条例》确立了什么样的监管体制？

《关键信息基础设施安全保护条例》第 4 条提出了综合协

调、分工负责和依法保护的要求，界定了《条例》第 2 条涉及的重要行业和领域的主管部门、监督管理部门为保护工作部门，从总体上构建了一个立体监管体系，筑牢国家网络安全的屏障。

首先，明确由国家网信部门负责统筹协调关键信息基础设施安全保护工作。其次，按照"谁主管、谁负责"的原则，《条例》明确了保护工作部门对本行业、本领域关键信息基础设施的安全保护和监督管理具体责任。第三，明确了国家相关职能部门的责任。比如，公安部门负责指导监督关键信息基础设施安全保护工作。第四，《条例》还明确了省级人民政府有关部门依据各自职责，对关键信息基础设施也要实施安全保护和监督管理，提出了一系列保障和促进措施。

2. 如何理解关键信息基础设施安全保护中国家网信部门的统筹协调职能？

国家有关职能部门在国家网信部门统筹协调下，各司其职，分工协作，合力做好关键信息基础设施安全保护工作。国家网信部门将牵头会同有关部门，从如下几个方面落地保护工作：一是抓紧制定和完善关键信息基础设施安全法规制度和标准规范。二是统筹协调网络安全检查检测，避免不必要的检查和交叉检查、重复检查。三是建立关键信息基础设施的漏洞探测，渗透性测试活动的批准机制。四是建立健全网络安全信息共享机制，及时汇总、研判、共享、发布网络安全威胁、漏洞、事件等信息，促进有关部门、保护工作部门、运营者以及网络安全服务机构等之间的网络安全信息共享。五是加强网络安全服务机构建设和管理。六是推动形成人才培养、技术创新、产业发展的良性生态。

3. 公安部门在关键信息基础设施安全保护中的职责有哪些?

《关键信息基础设施安全保护条例》中涉及公安机关的工作主要有 5 项，分别是:(1)指导监督关键信息基础设施安全保护工作;(2)组织指导保护工作部门制定关键信息基础设施认定规则并备案，指导开展关键信息基础设施认定工作;(3)对关键信息基础设施重大网络安全事件或者重大网络安全威胁等情况进行监测处置，为保护工作部门提供技术支持和协助，为运营者开展核心人员安全背景审查提供协助;(4)依法对关键信息基础设施进行网络安全检查检测，对漏洞探测、渗透性测试等可能影响或者危害关键信息基础设施安全的活动进行管理;(5)依据法定职责，加强关键信息基础设施安全保卫，防范打击针对和利用关键信息基础设施实施的违法犯罪活动。

在《条例》实施过程中，公安机关应履行法定职责，全力保障关键信息基础设施安全，开展如下工作:

一是在国家网信办的统筹协调下，会同有关部门不断健全完善关键信息基础设施安全保护政策标准体系。同时，组织全国公安机关加强对关键信息基础设施安全保护工作的指导和监督。

二是依据《条例》规定，持续组织开展关键信息基础设施认定工作。加强动态管理，为关键信息基础设施安全保护、保卫和保障工作奠定基础。

三是加强关键信息基础设施的安全监督检查，加强行政执法，督促重点单位依法履行安全保护责任和义务。针对关键信息基础设施安全突出问题，组织开展专项整治，排查整改安全风险隐患，提高安全保护能力。

四是依托国家网络与信息安全信息通报机制，加强网络安全监测、通报预警和应急处置，防范网络安全事件和威胁风险。

五是加强关键信息基础设施安全事件的调查处置和案件侦办，严厉打击危害关键信息基础设施安全的违法犯罪活动。

4. 为什么要优先保障能源、电信等关键信息基础设施的安全？

能源、电信行业网络设施本身既是关键信息基础设施，同时又为其他行业的关键信息基础设施运行提供支撑，一旦遭到网络攻击和破坏，将会带来严重影响。因此，《条例》第32条专门针对基础电信网络安全，不仅提出国家保障要求，即"国家采取措施，优先保障能源、电信等关键信息基础设施安全运行。"同时也对能源和电信行业提出要求，即"应当采取措施，为其他行业和领域的关键信息基础设施安全运行提供重点保障。"

因此，对于能源、电信行业主管部门，要加强网络安全防护、数据安全保护、监测预警、应急处置等技术能力建设，开展安全检查检测，督促运营者整改落实，强化网络安全产业支撑。严格规范对基础能源、电信网络的漏洞探测、渗透性测试活动。通过完善能源、电信行业监管机制，健全技术能力体系，加强能源、电信行业监督检查，强化网络安全产业支撑四个方面，为其他行业和领域的关键信息基础设施安全运营提供重点保障。

四、关键信息基础设施的认定

1. 关键信息基础设施认定规则由哪个部门来制定？

识别认定关键信息基础设施是开展安全保护工作的前提。早在2017年《关键信息基础设施安全保护条例（征求意见稿）》时期，曾考虑由国家网信部门会同国务院电信主管部门、公安部门等部门制定关键信息基础设施识别指南，拟通过统一的识别指南来确定关键信息基础设施认定规则。《关键信息基础设施安全保护条例》第9条规定，不同行业和领域的主管部门和监督管理部门作为"保护工作部门"，结合本行业、本领域实际，制定关键信息基础设施认定规则，并报国务院公安部门备案。

之所以规定关键信息基础设施认定规则由本行业和领域

的主管部门、监督管理部门来制定，主要是因为各行业、各领域的关键信息基础设施千差万别，各行业和领域的主管部门和监督管理部门对本行业和领域最为了解，由它们来制定认定规则，更符合实际，更具有操作性，也更容易落地。

2. 制定关键信息基础设施认定规则主要考虑哪些因素？

根据《关键信息基础设施安全保护条例》第9条规定，制定关键信息基础设施认定规则应当主要考虑三个方面因素：一是网络设施、信息系统等对本行业、本领域关键核心业务的重要程度，即是否起到基础支撑作用。二是网络设施、信息系统等一旦遭到破坏，丧失功能或者数据泄露，可能的危害程度，即是否严重危害国家安全、国计民生和公共利益。三是对其他行业和领域具有重要关联性影响。

此外，涉外因素不影响关键信息基础设施的认定，《条例》并不是专门针对外商投资或者境外上市而出台的；企业所有制的形式也不作为关键信息基础设施认定的依据或条件。

3. 关键信息基础设施的认定由哪个部门负责及认定流程？

与关键信息基础设施认定规则的制定部门一样，各行业和领域的主管部门、监督管理部门（以下简称保护工作部门）也是本行业、本领域的关键信息基础设施的认定负责部门。

目前，详细的认定流程尚未出台，根据《关键信息基础设施安全保护条例》第二章的规定，整体认定流程将按照"制定规则——组织认定"开展。首先，保护工作部门制定本行业、本领域的关键信息基础设施的认定规则，报国务院公安部门备案；其次，保护工作部门根据已制定的认定规则，负责组织认定本行业、本领域的关键信息基础设施，将认定结果通知运营者，并通报国务院公安部门。

4. 关键信息基础设施的认定是否一成不变？

关键信息基础设施清单实行动态调整机制，认定并非一成不变的。

首先，《关键信息基础设施安全保护条例》第9条指出，保护工作部门结合本行业、本领域实际，制定关键信息基础设施认定规则，并报国务院公安部门备案。这样的规定表明两点：第一，关键信息基础设施的认定，行业主管部门有重要决定权，是否属于关键信息基础设施，核心要看业务是否重要；第二，关键信息基础设施的范围会随着业务的影响而改变。

其次，《条例》第11条规定，关键信息基础设施发生较大变化，可能影响其认定结果的，运营者应当及时将相关情况报告保护工作部门。保护工作部门自收到报告之日起3个月内完成重新认定，将认定结果通知运营者，并通报国务院公安部门。

五、网络安全等级保护制度

1. 为什么说网络安全等级保护是关键信息基础设施保护的基础？

《关键信息基础设施安全保护条例》第 6 条在规定运营者的要求时，提出要"在网络安全等级保护的基础上"开展关键信息基础设施安全保护工作。这条规定与《网络安全法》对关键信息基础设施实施网络安全等级保护基础上的重点保护制度一脉相承。

《网络安全法》要求的网络安全等级保护是全体网络运营者的根本性义务，对关键信息基础设施运营者是重点保护要求。规定信息系统运营、使用单位应当按照网络安全等级保护制度要求履行安全保护义务，如果拒不履行，将会受到相应处罚。其中，第 21 条规定，网络运营者应当按照网络安全等级保护制度的要求，履行安全保护义务，保障网络免受干扰、破坏或者未经授权的访问，防止网络数据泄露或者被窃取、篡改。第 38 条对关键信息基础设施的运营者提出了网络安全检测方面的更高要求，即应当自行或者委托网络安全服务机构对其网络的安全性和可能存在的风险每年至少进行一次检测评估，并将检测评估情况和改进措施报送相关负责关键信息基础设施安全保护工作的部门。"法律责任"章的第 59 条明确规定，对违反前述第 21 条和第 38 条的网络安全义务的网络运营者，可以责令改正、给予警告，以及对运营者和直接负责的主管人员处以罚款。目前，国家网信办会同相关部门起草了《关于修改〈中华人民共和国网络安全法〉的决定（征求意见稿）》，修改关键信息基础设施安全保护的法律责任制度。为强化关键信息基础设施安全保护责任，进一步完善关键信息基础设施运营者有关违法行为行政处罚规定。

在关键信息基础设施涉及的重要行业里，例如金融、电力、医疗、教育等行业中，主管部门都明确要求相关信息系统要开展等级保护工作并作出具体指导。例如2007年中国人民银行、中国银行业监督管理委员会关于印发《开展银行业金融机构重要信息系统安全等级保护定级工作》的通知；2014年国家能源局关于印发《电力行业信息安全等级保护管理办法》的通知；2014年教育部办公厅关于印发《教育行业信息系统安全等级保护定级工作指南（试行）》的通知等等。

在等级保护定级实务中，关键信息基础设施至少应定级在三级及以上。

2. 网络安全等级保护中各部门具体职责分工是什么？

网络安全等级保护工作由中央网络安全和信息化领导机构统一领导，国家网信部门负责统筹协调，由各职能部门、行业主管部门的共同参与。各方应按照国家网络安全等级保护制度要求，按照如下职责和分工密切配合，共同落实《网络安全法》和网络安全等级保护制度，依法维护网络安全。

国务院公安部门主管网络安全等级保护工作，负责网络安全等级保护工作的监督管理，依法组织开展网络安全保卫。

国家保密行政管理部门主管涉密网络分级保护工作，负责网络安全等级保护工作中有关保密工作的监督管理。

国家密码管理部门负责网络安全等级保护工作中有关密码管理工作的监督管理。

国务院其他有关部门依照有关法律法规的规定，在各自职责范围内开展网络安全等级保护相关工作。县级以上地方人民政府依照《网络安全等级保护条例（征求意见稿）》和有关法律法规规定，开展网络安全等级保护工作。

行业主管部门应当组织、指导本行业、本领域落实网络安全等级保护制度，例如制定本行业的等级保护定级工作指南。

3. 等级保护标准 2.0 体系是什么？

随着 2017 年《网络安全法》的正式实施，标志着等级保护 2.0 的正式启动。《网络安全法》明确"国家实行网络安全等级保护制度"（第 21 条）、"国家对一旦遭到破坏、丧失功能或者数据泄露，可能严重危害国家安全、国计民生、公共利益的关键信息基础设施，在网络安全等级保护制度的基础上，实行重点保护"（第 31 条）。上述要求为网络安全等级保护赋予了新的含义，为此，需要重新调整和修订基于《计算机信息系统安全保护条例》建立的信息系统等级保护 1.0 标准体系，以配合网络安全法的实施和落地，指导用户按照网络安全等级保护制度的新要求，履行网络安全保护义务。

等级保护 2.0 体系主要标准如下：

（1）《网络安全等级保护条例（征求意见稿）》为等级保护 2.0 体系的总体要求和上位文件；

（2）《信息安全技术　计算机信息系统安全保护等级划分准则（GB 17859—1999)》（上位标准）；

（3）《信息安全技术　网络安全等级保护实施指南（GB/T25058—2020)》；

（4）《信息安全技术　网络安全等级保护定级指南（GB/T22240—2020)》；

（5）《信息安全技术　网络安全等级保护基本要求（GB/T22239—2019)》；

（6）《信息安全技术　网络安全等级保护设计技术要求（GB/T25070—2019)》；

（7）《信息安全技术　网络安全等级保护测评要求（GB/T28448—2019)》；

（8）《信息安全技术　网络安全等级保护测评过程指南（GB/T28449—2018)》。

4. 在等级保护 2.0 体系下如何定级？

根据《网络安全等级保护定级指南（GB/T22240—2020)》，等级保护对象的安全保护等级分为以下五级：

（1）第一级，等级保护对象受到破坏后，会对公民、法人和其他组织的合法权益造成损害，但不损害国家安全、社会秩序和公共利益；

（2）第二级，等级保护对象受到破坏后，会对公民、法人和其他组织的合法权益产生严重损害或特别严重损害，或者对社会秩序和公共利益造成危害，但不危害国家安全；

（3）第三级，等级保护对象受到破坏后，会对社会秩序和公共利益造成严重危害，或者对国家安全造成危害；

（4）第四级，等级保护对象受到破坏后，会对社会秩序和公共利益造成特别严重危害，或者对国家安全造成严重危害；

（5）第五级，等级保护对象受到破坏后，会对国家安全造成特别严重危害。

在对等级保护对象进行定级时的考虑要素，主要包括受侵害的客体和对客体的侵害程度。受侵害的客体包括公民、法人和其他组织的合法权益；社会秩序、公共利益以及国家安全。对客群体的侵害程度包括造成一般损害、造成严重损害以及造成特别严重损害。

《网络安全等级保护条例（征求意见稿）》的规定与《信息安全技术　网络安全等级保护定级指南》（GB/T22240—2020）稍有不同，但分类思路类似，《网络安全等级保护条例（征求意见稿）》的分类图示如表2：

表 2　网络安全等级保护图

级别	受损客体	严重程度	网络层级
第一级	相关公民、法人和其他组织的合法权益	损害	一般网络
第二级	相关公民、法人和其他组织的合法权益	严重损害	一般网络
	社会秩序和公共利益	危害	
第三级	相关公民、法人和其他组织的合法权益	特别严重损害	重要网络
	社会秩序和社会公共利益	严重危害	
	国家安全	危害	
第四级	社会秩序和公共利益	特别严重危害	特别重要网络
	国家安全	严重危害	
第五级	国家安全	特别严重危害	极其重要网络

5. 等级保护工作中的定级将如何开展?

根据网络安全等级保护标准中《信息安全技术　网络安全等级保护定级指南》(GB/T 22240—2020),等级保护中的定级工作分为五个阶段:(1)确定定级对象;(2)初步确定等级;(3)专家评审;(4)主管部门核准;(5)公安机关备案审核。

网络运营者应当根据定级对象的业务信息安全以及系统服务安全被破坏时所侵害的客体以及对相应客体的侵害程度,自行初步确定安全保护等级。当安全保护等级初步确定为第二级及以上的,网络运营者需组织信息安全专家和业务专家对定级结果的合理性进行评审，并出具专家评审意见。如果有行业或上级主管部门的，定级结果还应报请行业或上级主管部门核准，并出具核准意见。最后，网络运营者将初步定级结果提交公安机关进行备案审核。审核不通过的，网络运营者需组织重新定级；审核通过后即为定级对象最终确定的安全保护等级。

根据《网络安全等级保护条例（征求意见稿）》的要求，网络运营者应当在规划设计阶段确定网络的安全保护等级。而当网络功能、服务范围、服务对象和处理的数据等发生重大变化时，网络运营者应当依法变更网络的安全保护等级。

6. 等级保护 2.0 标准下的对象范围有什么变化？

随着信息技术的发展，等级保护对象已经从狭义的信息系统扩展为更广泛的等级保护对象——信息系统、通信网络设施和数据资源等。这意味着，等级保护对象包括网络基础设施（广电网、电信网、专用通信网络等）、云计算平台/系统、大数据平台/系统、物联网、工业控制系统、采用移动互联技术的系统等。等级保护 2.0 新标准在 1.0 标准的基础上进行了优化，同时针对云计算、移动互联、物联网、工业控制系统及大数据等新技术和新应用领域提出新要求，形成了"安全通用要求＋新应用安全扩展要求"构成的标准要求内容。

7. 网络安全等级保护的通用安全要求是什么？

根据相关标准，安全通用要求细分为技术要求和管理要求。其中，技术要求包括"安全物理环境""安全通信网络""安全区域边界""安全计算环境"和"安全管理中心"；管理要求包括"安全管理制度""安全管理机构""安全管理人员""安全建设管理"和"安全运维管理"。

相对于安全扩展要求针对个性化保护需求提出，等级保护对象的安全通用要求针对共性化保护需求提出，无论等级保护对象以何种形式出现，需要根据安全保护等级实现相应级别的安全通用要求。

8. 网络安全等级保护的扩展要求是什么？

网络安全等级保护对象的安全保护需要同时落实安全通用要求和安全扩展要求提出的措施。安全扩展要求是采用特定技术或特定应用场景下的等级保护对象需要增加实现的安全要求。包括以下四方面：

（1）云计算安全扩展要求是针对云计算平台提出的安全通用要求之外额外需要实现的安全要求。主要内容包括"基础设施的位置""虚拟化安全保护""镜像和快照保护""云计算环境管理"和"云服务商选择"等。

（2）移动互联安全扩展要求是针对移动终端、移动应用和无线网络提出的安全要求，与安全通用要求一起构成针对采用移动互联技术的等级保护对象的完整安全要求。主要内容包括"无线接入点的物理位置""移动终端管控""移动应用管控""移动应用软件采购"和"移动应用软件开发"等。

（3）物联网安全扩展要求是针对感知层提出的特殊安全要求，与安全通用要求一起构成针对物联网的完整安全要求。主要内容包括"感知节点的物理防护""感知节点设备安全""网关节点设备安全""感知节点的管理"和"数据融合处理"等。

（4）工业控制系统安全扩展要求主要是针对现场控制层和现场设备层提出的特殊安全要求，它们与安全通用要求一起构成针对工业控制系统的完整安全要求。主要内容包括"室外控制设备防护""工业控制系统网络架构安全""拨号使用控制""无线使用控制"和"控制设备安全"等。

六、关键信息基础设施运营者的责任义务

1. 关键信息基础设施运营者如何全面落实安全保护义务？

根据《关键信息基础设施安全保护条例》的要求，安全保护措施应当与关键信息基础设施同步规划、同步建设、同步使用。运营者要全面落实安全保护的主体责任主要是从五方面来开展：一是建立健全网络安全保护制度和责任制，实行一把手负责制，保障人力、财力、物力的投入。二是要设置专门的安全管理机构参与网络安全和信息化的决策。三是开展网络安全检测和风险评估，并及时整改。四是建立并落实网络安全事件和网络安全威胁的报告制度。五是要优先采购安全可信的网络产品和服务，按照规定申报网络安全审查。

2. 专门安全管理机构的设立要求和职责范围有哪些？

设置专门安全管理机构，是对关键信息基础设施运营者落实安全保护义务的法定要求。在设立专门安全管理机构时，运营者需要对专门安全管理机构的负责人和关键岗位人员进行安全背景审查。由于企业在人员背景审查可能缺乏必要手段和途径，《关键信息基础设施安全保护条例》规定在审查时，公安机关、国家安全机关应当予以协助。

根据《条例》第15条规定，专门安全管理机构具体负责本单位的关键信息基础设施安全保护工作，履行下列职责：

（1）建立健全网络安全管理、评价考核制度，拟订关键信息基础设施安全保护计划；

（2）组织推动网络安全防护能力建设，开展网络安全监测、检测和风险评估；

（3）按照国家及行业网络安全事件应急预案，制定本单位应急预案，定期开展应急演练，处置网络安全事件；

（4）认定网络安全关键岗位，组织开展网络安全工作考核，提出奖励和惩处建议；

（5）组织网络安全教育、培训；

（6）履行个人信息和数据安全保护责任，建立健全个人信息和数据安全保护制度；

（7）对关键信息基础设施设计、建设、运行、维护等服务实施安全管理；

（8）按照规定报告网络安全事件和重要事项。

3. 关键信息基础设施运营者如何开展测评和风险评估？

《关键信息基础设施安全保护条例》第 17 条要求，运营者应当自行或者委托网络安全服务机构对关键信息基础设施每年至少进行一次网络安全检测和风险评估，对发现的安全问题及时整改，并按照保护工作部门要求报送情况。

《条例》中要求的测评和风险评估可以自评估，亦可委托第三方进行。实务中，由于关键信息基础设施运营者的网络安全等级保护均在三级及以上，而第三级以上网络运营者应委托符合国家有关规定的等级测评机构，每年开展一次网络安全等级测评，并及时将等级测评报告提交受理备案的公安机关和行业主管部门。由此可见，关键信息基础设施安全检测评估与网络安全等级测评制度都有每年进行和报送主管部门的要求，两个检测评估如何衔接，是否可以替代还有待进一步确认。

4. 发生重大网络安全事件或者发现重大网络安全威胁时，关键信息基础设施运营者应该向哪个部门报告？

发生重大网络安全事件或者发现重大网络安全威胁时，关键信息基础设施运营者应该向两个部门进行报告：一个是其所在行业和领域的主管部门或监督管理部门，即保护工作部门，另一个是公安机关。

5. 关键信息基础设施运营者如何履行供应链安全义务？

供应链"环环相扣"，上下游企业供应链畅通才能实现国民经济循环中既不"卡脖子"也不"掉链子"。关键信息基础设施涉及国民经济命脉行业或者领域，运营者尤其应保障供应链安全。关键信息基础设施运营者在采购网络产品和服务时，应当充分考虑被非法控制、遭受干扰或者破坏的风险，业务连续性的危害，"断供"风险，核心数据、重要数据、大量个人信息泄露或被外国政府恶意利用风险等。

关键信息基础设施运营者需要从三个方面履行《关键信息基础设施安全保护条例》规定的义务。

首先，要优先采购安全可信的网络产品和服务，确保供应链安全。结合《网络安全法》和《网络关键设备和网络安全专用产品目录（第一批）》的规定，列入《网络关键设备和网络安全专用产品目录（第一批）》的设备和产品，应当按照国家相关标准的强制性要求，由具备资格的机构安全认证合格或者安全检测符合要求后，方可销售或者提供。《关于修改〈中华人民共和国网络安全法〉的决定（征求意见稿）》中，增加了对于违反国家标准的强制性要求，未经认证或者检测，销售或者提供网络关键设备和网络安全专用产品的，需要承担的行政责任。具备资格的机构指国家认证认可监督管理委员会、工业和信息化部、公安部、国家互联网信息办公室按照国家有关规定共同认定的机构。《关于发布承担网络关键设备和网络安全专用产品安全认证和安全检测任务机构名录（第一批）的公告》和《关于网络关键设备和网络安全专用产品安全认证实施要求的公告》公布了认证和检测机构名录。此外，《关于发布网络关键设备和网络安全专用产品安全认证实施规则的公告》和《网络关键设备和网络专用产品相关国家标准要求（第二版征求意见稿）》还规定了认证的流程方法和国家相关标准要求。

关键信息基础设施运营者采购云服务还可以审查云服务商资质，根据《关于加强党政部门云计算服务网络安全管理的意见》和《云计算服务安全评估办法》，云服务商可申请对面向党政机关、关键信息基础设施提供云计算服务的云平台进行安全评估。云计算服务安全评估主要参照国家标准《云计算服务安全能力要求》《云计算服务安全指南》，其中《云计算服务安全能力要求》从系统开发与供应链安全、系统与通信保护、访问控制、配置管理、维护、应急响应与灾备、审计、风险评估与持续监控、安全组织与人员、物理与环境安全等方面提出要求。

其次，运营者采购网络安全和服务，应当按照国家有关规定与网络产品和服务提供者签订安全保密协议，明确提供者的技术支持和安全保密义务与责任，并对义务与责任履行情况进行监督。如果关键信息基础设施运营者自行预判后认为需要根据《网络安全审查办法》申报，对于申报网络安全审查的采购活动，关键信息基础设施运营者应当通过采购文件、协议等要求产品和服务提供者配合网络安全审查，包括承诺不利用提供产品和服务的便利条件非法获取用户数据、非法控制和操纵用户设备，无正当理由不中断产品供应或者必要的技术支持服务等。关键信息基础设施运营者还应当督促产品和服务提供者履行网络安全审查中作出的承诺。

最后，当关键信息基础设施运营者采购网络产品和服务、可能影响国家安全的，应按照《网络安全审查办法》进行网络安全审查。关键信息基础设施运营者采购网络产品和服务的，应当预判该产品和服务投入使用后可能带来的国家安全风险。影响或者可能影响国家安全的，应当向网络安全审查办公室申报网络安全审查。关键信息基础设施运营者采购网络产品和服务并非均需要经过网络安全审查，而是应当首先自行预判，如果可能带来国家安全风险，则应当主动申报。关键信息基础设施安全保护工作部门可以制定本行业、本领域预判指南。即使主动申报和通过网络安全审查，仍然有持续符合《网络安全审查办法》的义务，接受网络安全审查办公室的事前事中事后监督。

需要说明，关键信息基础设施运营者采购一般的网络产品和服务并不需要经过网络安全审查，根据《网络安全审查办法》，需要经过网络安全审查的网络产品和服务主要指核心网络设备、重要通信产品、高性能计算机和服务器、大容量存储设备、大型数据库和应用软件、网络安全设备、云计算服务，以及其他对关键信息基础设施安全、网络安全和数据安全有重要影响的网络产品和服务。

6. 关键信息基础设施运营者发生合并、分立、解散等情况时，应当如何处置关键信息基础设施？

关键信息基础设施运营者发生合并、分立、解散等情况时，应当首先要及时履行报告义务，将有关合并、分立、解散等情况报告给保护工作部门。对于关键信息基础设施的处置，应当按照保护工作部门的要求进行处置，处置的主要目的是要确保关键信息基础设施的安全。

7. 关键信息基础设施运营者处理国家秘密信息和使用密码的特殊规定有哪些？

密码技术是网络安全保护中的一项常用技术手段，在关键信息基础设施的保护中也离不开密码。根据公安部〔2020〕1960 号文关于《贯彻落实网络安全等级保护制度和关键信息基础设施安全保护制度的指导意见》，网络运营者应贯彻落实《密码法》等有关法律法规规定和密码应用相关标准规范。第三级以上网络应正确、有效采用密码技术进行保护，并使用符合相关要求的密码产品和服务。第三级以上网络运营者应在网络规划、建设和运行阶段，按照密码应用安全性评估管理办法和相关标准，在网络安全等级测评中同步开展密码应用安全性评估。

《密码法》中也对使用商用密码进行保护的关键信息基础设施运营者提出要求。第 27 条第 1 款规定，法律、行政法规和国家有关规定要求使用商用密码进行保护的关键信息基础设施，其运营者应当使用商用密码进行保护，自行或者委托商用密码检测机构开展商用密码应用安全性评估。商用密码应用安全性评估应当与关键信息基础设施安全检测评估、网络安全等级测评制度相衔接，避免重复评估、测评。

8. 关键信息基础设施的运营者收集和产生的个人信息和重要数据出境需要遵守哪些规则？

根据《网络安全法》第 37 条、《数据安全法》第 31 条、《个人信息保护法》第 38 条，关键信息基础设施产生的个人信息和重要数据向境外提供需要进行评估。《数据出境安全评估办法》细化了评估规则，要求关键信息基础设施产生的个人信息和重要数据应当通过所在地省级网信部门向国家网信部门申报数据出境安全评估，即需要向网信部门申报并由网信部门进行安全评估，不能仅仅自行评估。关键信息基础设施运营者还需要与境外接收方订立合同，充分约定数据安全保护责任义务。数据出境安全评估结果有效期为 2 年。

就个人信息而言，《数据出境安全评估办法》对需要申报的关键信息基础设施产生的个人信息数量并无限制；就重要数据而言，其定义需要参照有关正在制定中的重要数据目录的规定；此外，《数据安全法》和《保守国家秘密法》中的核心数据和国家秘密是比重要数据更重要的数据，应当按照其专门的制度进行保护，包括对跨境传输的限制性规定；最后，有关行业的数据还需要按照行业规定进行甄别和归类，满足特殊审批和合规要求，例如人类遗传资源等医疗健康数据、汽车数据、测绘地理信息、消费者金融信息等，其数据出境规定更加严格。

此外，《对外贸易法》和《出口管制法》对特定货物、技术、服务（包括其技术资料等数据）通过制定管制清单、名录或者目录、实施出口许可、配额等方式进行出口管理，包括两用物项、军品、核、导弹、化学品、生物两用品、核两用品。对列入《不可靠实体清单规定》或者《反外国制裁法》反制裁清单的外国实体、组织、个人，限制或者禁止其从事与中国有关的进出口活动，列入《中国禁止出口限制出口技术目录》的技术及数据，不应出口或者向境外提供。

七、关键信息基础设施安全的保障和促进

1.关键信息基础设施安全规划由谁来制定？包括哪些内容？

保护工作部门应当在本行业、本领域制定关键信息基础设施安全规划，指导关键信息基础设施运营者在规划的框架内，制定保护工作方案落实具体工作要求。规划内容主要包括保护目标、基本要求、工作任务、具体措施等内容。

2.如何建立网络安全信息共享机制？

国家网信部门负责统筹协调有关部门建立网络安全信息

共享机制，及时汇总、研判、共享、发布网络安全威胁、漏洞、事件等信息，促进有关部门、保护工作部门、运营者以及网络安全服务机构等之间的网络安全信息共享。

关键信息基础设施运营者按照关键信息基础设施安全保护工作部门要求，建立与有关部门、研究机构、网络安全服务机构的信息共享渠道。建立本单位的信息共享和分析中心，收集网络威胁迹象信息或防护措施并进行分析，必要时与行业网络安全威胁信息共享平台、全国一体化关键信息基础设施网络安全保障平台进行对接，实现网络安全威胁情报信息共享。

对共享或接收网络威胁迹象信息或防护措施进行授权。在监控信息系统、实施防护措施、提供或接收网络威胁迹象信息和防护措施时，应实施安全控制，以保护上述网络威胁迹象信息或防护措施免受未授权访问或获取。

在信息共享前，使用技术手段直接删除与网络安全威胁无直接关系的、共享时已知晓是具体人员个人信息或能够用于识别具体人员的信息。限制信息使用目的，对威胁信息的披露、留存与使用仅用于网络安全保护目的。

3. 什么是关键信息基础设施网络安全监测预警制度？

关键信息基础设施的安全保护需要建立健全网络安全监测和预警机制。在国家层面开展网络安全监测预警及信息通报工作，由国家网信部门协同各相关部门负责。

保护工作部门需要发挥行业监管指导和监督职能，建立健全本行业、本领域的关键信息基础设施网络安全监测预警制度，及时掌握本行业、本领域关键信息基础设施运行状况、安全态势，预警通报网络安全威胁和隐患，指导做好安全防范工作；通过构建联通全网的监测预警机制，及时对关键信息基础设施的安全隐患进行察觉和态势感知。

对存在的安全问题及时进行全网范围内的通报，以使包括网络运营者在内的各方主体能够及时发现问题所在，及时查漏补缺。因各方主体网络技术水平的参差不齐，信息获取的不完整性难免使得各方主体对网络安全威胁的认识程度不尽相同，信息真假难以确认。为确保网络安全监测预警信息发布的权威性及统一性，由国家网信部门统一负责监测预警信息的发布，能够更好地确保网络安全信息的真实性，具有公信力。

4. 网络安全事件应急预案的作用是什么？

保护工作部门应当按照国家网络安全事件应急预案的要求，建立健全本行业、本领域的网络安全事件应急预案，定期组织应急演练；指导运营者做好网络安全事件应对处置，并根据需要组织提供技术支持与协助。关键信息基础设施运营者依据本部门、本行业的网络安全事件应急预案，制定本单位的网络安全事件应急预案。

应急预案应说明：网络安全事件应急处置工作的组织机

构与岗位职责；确立本单位范围内的预警监测、预警研判和发布、预警响应、预警解除等流程；对事件报告、应急响应、应急结束等程序作出规定；对事件调查、评估等事项作出安排；对预案演练、宣传、培训等工作进行规划；落实技术支撑队伍、专家队伍、社会资源、经费等保障措施；由相关人员或角色对网络安全事件应急预案进行评估；将网络安全事件应急预案向相关人员、角色或部门进行通报；定期评估修订网络安全事件应急预案；当本单位的管理架构、信息系统或运行环境发生变更时，及时更新网络安全事件应急预案；如系统发生变更或在实施、执行或测试中遇到问题，及时修改网络安全事件应急预案并向相关人员、角色或部门及用户进行通报；防止网络安全事件应急预案非授权泄露和更改；发生安全事件时，确保应急响应计划的实施能够维持信息系统的基本业务功能，并能最终完全恢复信息系统且不减弱原来的安全措施；指定专门的网络安全应急支撑队伍、专家队伍，保障网络安全事件得到及时有效处置。

针对各种不同的突发事件制定有效的应急预案，不仅可以为应急活动的开展指明方向，减少突发事件造成的严重危害，还可以确保应急资源得到合理充分的利用，指导应急人员的日常培训和演习。具体而言，应急预案的作用可以概括为：（1）使网络安全事件的应急处置工作有章可循；（2）有效避免或减少突发网络安全事件所造成的损害或损失，减小对国家安全、国计民生、社会秩序等的不利影响；（3）为关键信息基础设施运营者和保护工作部门减少决策时间和决策压力；（4）减轻人们的心理紧张感，稳定工作人员的情绪，有益于现场处置工作的顺利开展并为应对意外情况提供心理支持；（5）便于优化必要的能源、资源的配置和准备，争取时间，有备无患。

5. 如何开展关键信息基础设施网络安全检查检测？

保护工作部门应当定期组织开展本行业、本领域关键信息基础设施网络安全检查检测，指导监督运营者及时整改安全隐患、完善安全措施。国家网信部门负责统筹协调国务院公安部门、保护工作部门对关键信息基础设施进行网络安全检查检测，提出改进措施。关键信息基础设施运营者应委托具有资质的检测服务机构定期开展技术检测。

在检查开始前，应明确关键信息基础设施网络安全检查评估的背景、目标、原则和依据，充分调研被检查方所属行业的相关标准及政策文件，确定检查评估工作任务。关键信息基础设施运营者应与检查实施方签署保密协议。

检查检测工作需要在实施前进行准备并报告保护工作部门批准后方可实施，充分沟通和论证检查工作方案，对可能给关键信息基础设施的运行造成危害的事项或方法进行评估，必要时应事先在仿真或模拟环境中进行测试。检查检测实施过程中要密切监测关键信息基础设施的运行状态，应在非忙时进行检查检测。关键信息基础设施运营者应安排专人全程陪同检查检测，发现问题及时处置。

有关部门在开展关键信息基础设施网络安全检查时，应当加强协同配合、信息沟通，避免不必要的检查和交叉重复检查。检查工作不得收取费用，不得要求被检查单位购买指定品牌或者指定生产、销售单位的产品和服务。

运营者对保护工作部门开展的关键信息基础设施网络安全检查检测工作，以及公安、国家安全、保密行政管理、密码管理等有关部门依法开展的关键信息基础设施网络安全检查工作应当予以配合。

任何组织或个人不应以任何名义和形式，未经保护工作部门批准或关键信息基础设施运营者同意，私自开展对关键信息基础设施的网络安全检查检测。

6. 在关键信息基础设施安全保护工作中，可以要求哪些部门提供技术支持和协助？

在关键信息基础设施收到网络安全威胁或攻击时，关键信息基础设施运营者应当根据网络安全保护工作需要向保护工作部门寻求提供技术支持和协助。国家网信部门和国务院电信主管部门、国务院公安部门等应当根据保护工作部门的需要，及时提供技术支持和协助。这些支持和协助，通常是由超越网络安全技术本身的资源所支撑的国家行为。

网络安全服务机构以商业服务的形式，在关键信息基础设施运营者的委托下，帮助关键信息基础设施运营者开展网络安全保护工作的行为，一般不能被视为向关键信息基础设施运营者提供技术支持和协助。

7. 能否对关键信息基础设施实施漏洞探测、渗透性测试？

未经国家网信部门、国务院公安部门批准或者保护工作部门、运营者授权，任何个人和组织不得对关键信息基础设施实施漏洞探测、渗透性测试等可能影响或者危害关键信息基础设施安全的活动。对基础电信网络实施漏洞探测、渗透性测试等活动，应当事先向国务院电信主管部门报告。

除了上述特殊规定，关键信息基础设施运营者还需要遵守《网络产品安全漏洞管理规定》。该规定由工信部、国家网信办、公安部联合发布，于2021年9月1日起施行。该规定对网络产品安全漏洞发现、报告、修补和发布等行为进行了规范。

8. 为什么要优先保障能源、电信等关键信息基础设施的安全？

能源、电信行业网络设施本身既是关键信息基础设施，同时又为其他行业的关键信息基础设施运行提供支撑，一旦遭到网络攻击和破坏，将会带来严重影响。因此，《关键信息基础设施安全保护条例》第32条专门针对基础电信网络安全，不仅提出国家保障要求，即"国家采取措施，优先保障能源、电信等关键信息基础设施安全运行。"同时也对能源和电信行业提出要求，即"应当采取措施，为其他行业和领域的关键信息基础设施安全运行提供重点保障。"

因此，对于能源、电信行业主管部门，要加强网络安全防护、数据安全保护、监测预警、应急处置等技术能力建设，开展安全检查检测，督促运营者整改落实，强化网络安全产业支撑。严格规范对基础能源、电信网络的漏洞探测、渗透性测试活动。通过完善能源、电信行业监管机制，健全技术能力体系，加强能源、电信行业监督检查，强化网络安全产业支撑四个方面，为其他行业和领域的关键信息基础设施安全运营提供重点保障。

八、法律责任

1. 什么是法律责任？

法律责任，是因损害法律上的义务关系所产生的，对于相关主体所应当承担的法定强制的不利后果。它有以下几个特点：

第一，法律责任是以法律义务的存在为前提的，因违反法律上的义务而形成的责任关系。破坏法律义务关系是前因，追究法律责任或承受制裁是后果。

第二，法律责任表示一种责任方式，是由法律规定的，承担或追究否定性的、不利的法律后果。

第三，法律责任的追究和执行是由国家强制力实施或者潜在保证的，一般由有关国家机关依法定职权和程序采取直接强制手段予以实施。

法律责任条款，是法律整体的重要组成部分。

2. 违反《关键信息基础设施安全保护条例》，可能会承担哪些法律责任？

根据不同标准，法律责任有不同的分类。根据违法行为所违反的法律的性质可以分为公法责任和私法责任。其中私法责任主要是指民事责任，公法责任主要是指行政责任、刑事责任等。

《条例》所指法律责任，主要指行政责任，情节严重的，可能涉及刑事责任，若给他人造成损害的，需依法承担民事责任。行政责任是指因违反行政法或因行政法规定的事由而应当承担的不利后果。它又包括行政机关及其工作人员的行政责任和行政相对人的行政责任，如对行政相对人作出的罚款、警告等行政处罚，以及对行政机关及工作人员作出的通报批评、罢免行政职务等。刑事责任是指因违反刑事法律而应当承担的不利后果，如有期徒刑。民事责任承担方式包括停止侵害、赔偿损失、赔礼道歉等。

3. 违反《关键信息基础设施安全保护条例》，单位会受到什么处罚？

《条例》中的"单位"，一般指关键信息基础设施运营者。

《条例》规定了运营者的责任义务以及相应的法律责任，对违反责任义务的运营者，《条例》规定，可以由有关部门责令改正，警告、没收违法所得、罚款。

4. 违反《关键信息基础设施安全保护条例》，个人会受到什么处罚？

根据《条例》，未遵守相关规定的，关键信息基础设施运营者直接负责的主管人员或其他责任人员将受到相应的处罚，主要方式是罚款。对有关部门依法开展的关键信息基础设施网络安全检查工作不予配合，情节严重的，还将依法追究相应法律责任。

此外，网信部门、公安机关、保护工作部门和其他有关部门及其工作人员未履行相应管理职责或者玩忽职守、滥用职权、徇私舞弊的，直接负责的主管人员和其他直接责任人员将受到行政处分。

关键信息基础设施发生重大和特别重大网络安全事件，经调查确定为责任事故的，将追究运营者责任以及有关行政部门的责任，对有失职、渎职及其他违法行为的，也将依法追究责任。

此外，根据《条例》第43条第3款规定，对于违反条例第5条第2款（实施非法侵入、干扰、破坏关键信息基础设施的活动，危害关键信息基础设施安全）和第31条（对关键信息基础设施实施漏洞探测、渗透性测试等可能影响或者危害关键信息基础设施安全的活动）规定，受到治安管理处罚的人员，5 年内不得从事网络安全管理和网络运营关键岗位的工作；受到刑事处罚的人员，终身不得从事网络安全管理和网络运营关键岗位的工作。

5. 关键信息基础设施运营者的哪些行为是违法的？

根据《关键信息基础设施安全保护条例》规定，运营者如果有下列行为，有关主管部门依据职责责令改正，可以给予警告；对拒不改正或者导致危害网络安全等后果的，可以处 10 万元以上 100 万元以下罚款。《关于修改〈中华人民共和国网络安全法〉的决定（征求意见稿）》提高了处罚金额，最高罚款拟达 5000 万元或者年营业额的 5%。这些行为包括：

（1）在关键信息基础设施发生较大变化，可能影响其认定结果时未及时将相关情况报告保护工作部门的；

（2）安全保护措施未与关键信息基础设施同步规划、同步建设、同步使用的；

（3）未建立健全网络安全保护制度和责任制的；

（4）未设置专门安全管理机构的；

（5）未对专门安全管理机构负责人和关键岗位人员进行安全背景审查的；

（6）开展与网络安全和信息化有关的决策没有专门安全管理机构人员参与的；

（7）专门安全管理机构未履行本条例第 15 条规定的职

责的；

（8）未对关键信息基础设施每年至少进行一次网络安全检测和风险评估，未对发现的安全问题及时整改，或者未按照保护工作部门要求报送情况的；

（9）采购网络产品和服务，未按照国家有关规定与网络产品和服务提供者签订安全保密协议的；

（10）发生合并、分立、解散等情况，未及时报告保护工作部门，或者未按照保护工作部门的要求对关键信息基础设施进行处置的。

运营者的其他违规行为包括：运营者在关键信息基础设施发生重大网络安全事件或者发现重大网络安全威胁时，未按照有关规定向保护工作部门、公安机关报告的；采购可能影响国家安全的网络产品和服务，未按照国家网络安全规定进行安全审查的；对保护工作部门开展的关键信息基础设施网络安全检查检测工作，以及公安、国家安全、保密行政管理、密码管理等有关部门依法开展的关键信息基础设施网络安全检查工作不予配合的；实施非法侵入、干扰、破坏关键信息基础设施，危害其安全的。

6. 如果相关职能部门或工作人员不作为，会受到什么处罚？

根据《关键信息基础设施安全保护条例》的规定，网信部门、公安机关、保护工作部门和其他有关部门及其工作人员未履行关键信息基础设施安全保护和监督管理职责或者玩忽职守、滥用职权、徇私舞弊的，将依法对直接负责的主管人员和其他直接责任人员给予处分。

关键信息基础设施发生重大和特别重大网络安全事件，经调查确定为责任事故的，相关网络安全服务机构及有关部门如有失职、渎职及其他违法行为的，将依法追究责任。

7. 如何处理在关键信息基础设施安全保护工作中获取的信息？

在关键信息基础设施安全保护工作中获取的信息主要是指关键信息基础设施运营者之外的单位或组织，例如各级网信部门、公安机关、保护工作部门等有关部门和为关键信息基础设施运营者提供网络安全服务的机构等第三方，及上述单位或组织的工作人员，在工作过程中获取的有关关键信息基础设施的信息。

这些信息只能被用于维护网络安全。知情者须严格按照有关法律、行政法规的要求确保这些信息的安全，不得泄露、出售或者非法向他人提供这些信息。

这些信息包括但不限于：

（1）有关关键信息基础设施的结构和设计的图纸或相关资料；

（2）有关关键信息基础设施运行状态和维护工作的相关信息；

（3）关键信息基础设施的性能或配置参数；

（4）关键信息基础设施供应链相关信息；

（5）关键信息基础设施的人员相关信息；

（6）关键信息基础设施相关安全威胁情报信息；

（7）其他有关信息。

对于将这些信息用于其他用途，或者泄露、出售、非法向他人提供的，依法对直接负责的主管人员和其他直接责任人员给予处罚，情节严重的依法追究刑事责任。

8. 关键信息基础设施运营者违法在境外存储网络数据或者违法向境外提供网络数据是否会受到处罚？

根据《网络安全法》第 37 条的规定，关键信息基础设施的运营者在中华人民共和国境内运营中收集和产生的个人信息和重要数据应当在境内存储。因业务需要，确需向境外提供的，应当按照国家网信部门会同国务院有关部门制定的办法进行安全评估；法律、行政法规另有规定的，依照其规定执行。

关键信息基础设施运营者数据出境需要符合《数据出境安全评估办法》的规定。根据《网络安全法》的规定，关键信息基础设施的运营者违法在境外存储网络数据，或者违法向境外提供网络数据的，也将受到处罚。

技 术 编

一、关键信息基础设施安全保护相关技术简介

1. 什么是网络安全？

网络安全，是指通过采取必要措施，防范对网络的攻击、侵入、干扰、破坏和非法使用以及意外事故，使网络处于稳定可靠运行的状态，以及保障网络数据的完整性、保密性、可用性的能力。

2.《关键信息基础设施安全保护条例》关于网络安全保护技术基本要求包括哪些方面？

《关键信息基础设施安全保护条例》第 1 条即声明了其根据《网络安全法》而制定。因此，《网络安全法》中对网络安全保护技术的要求，也同样适用于《关键信息基础设施安全保护条例》。归纳起来，主要有以下两个方面：

（1）以等级保护为基础

《网络安全法》第 21 条指出：国家实行网络安全等级保护

制度。关键信息基础设施运营者（以下简称运营者）应当按照网络安全等级保护制度的要求，保障网络免受干扰、破坏或者未经授权的访问，防止网络数据泄露或者被窃取、篡改。采取防范计算机病毒和网络攻击、网络侵入等危害网络安全行为的技术措施；采取监测、记录网络运行状态、网络安全事件的技术措施，并按照规定留存相关的网络日志不少于6个月；采取数据分类分级保护，重要数据备份、加解密和细粒度（"数据字段"级）访问控制以及其他必要措施。

（2）更加重视风险评估

《关键信息基础设施安全保护条例》第17条：运营者应当自行或者委托网络安全服务机构对关键信息基础设施每年至少进行一次网络安全检测和风险评估。这里有两层含义：一是网络安全检测和风险评估必须要做；二是每年至少要进行一次（根据需要，可进行多次。如信息系统或安全防护策略重大变更或对安全性构成较大的影响）检测和风险评估。

3. 常见的网络安全保护技术有哪些分类？

应用于网络安全保护技术类别非常多，每类技术通常都有若干产品或模型进行落地和实践。常见的技术类型有：身份认证、访问控制、审计技术、入侵防范、病毒防护、密码技术、漏洞检测、应急响应、溯源取证、拟态防御（SASE/SD-WAN）、可信计算、数据分类分级、数据防泄漏（DLP）、数据脱敏、数字水印、API接口监测、资产梳理、风险评估、代码审计、渗透测试、态势分析、事件采集、准入控制、蜜网技术（蜜罐／诱捕技术）、隔离交换、备份恢复、防篡改、零信任、虚拟专网 VPN、抗拒绝服务、邮件安全（内容安全）、主机安全（EDR）、威胁情报等。

在后续的章节中，会针对上述网络安全保护技术中常用的技术作进一步的阐述。

依据关键信息基础设施运营者在识别认定、安全防护、检测评估、监测预警、应急处置等工作环节中所涉及的网络安全产品列举如表 3：

表 3　网络安全产品／服务

安全分类	技术分类	产品／服务	工作环节
网络安全	网络监控	网络设备监控	监测预警
		服务器监控	
		IT 业务监控	
		网络资产测绘	识别认定
	边界防护	防火墙	安全防护
		高级威胁防护	
		VPN	
		网络隔离	
		入侵检测	
	应用安全	抗 DDOS	
		WEB 应用防火墙	
		漏洞扫描	

续表

安全分类	技术分类	产品 / 服务	工作环节
		域名安全	
		邮件安全	
监测分析	流量监测	用户行为监测	监测预警
		网络可视化分析	
	业务分析	威胁情报分析与管理	
		舆情分析	
		区块链安全	
		反欺诈与风控	
	日志审计	日志分析	应急处置
		日志审计	
访问安全	身份识别	数字证书	安全防护
		身份认证	
	访问控制	堡垒机	
		零信任	
终端安全	主机安全	防病毒 / 防勒索	
		APT 攻击防护	
		合规检测	
	行为管理	设备 / 主机检测与响应	
		设备 / 主机准入管控	

续表

安全分类	技术分类	产品/服务	工作环节
开发安全	规划管理	研发安全规划咨询	检测评估
		研发安全管理	
		研发拿权集成	
	代码安全	代码审计	
		软件供应链安全	
		中间件安全	
	安全测试	渗透测试	监测预警
		漏洞扫描	
数据安全	合规建设	数据安全管理	安全防护
		数据分类分级	
		数据资产梳理	
	数据安全	数据库审计	
		数据防泄露	
		加密机	
		文档安全	
		容灾备份	应急处置

二、密码技术

1. 密码技术发展历程如何？

密码学的起源，可以追溯到人类语言产生阶段，语言、文字本身都属于密码范畴。通常可以分为广义的密码和狭义的密码。

广义的密码，即所有符号系统都是密码；而狭义密码，生活中通常是指通信密码，用于通信信道保密和通信消息（内容）保密。语音密码是人类最早的密码，文字密码虽然晚于语音密码，但是，从今天的狭义密码学角度来看，文字密码和语音密码可看成同一种通信密码。具体来说，说话或写字相当于加密，语音和文字就等同于密文，而听话和读书可以看作解密；不懂交流者的语种的人，若想试图听懂别人的交流，那他就相当于破译者等。（引自《密码简史》）

2. 各发展阶段都有什么密码技术？

密码学是一门既古老又现代的学科，是研究如何隐秘地传递信息的学科。作为数学、计算机、电子、通信、网络等领域的一门交叉学科，从几千年前具有神秘性和艺术性的字谜，到广泛应用于军事、商业和现代社会人们生产、生活的现代密码学，密码学逐步从艺术走向科学。同时，密码技术亦是构建安全信息系统的核心技术。

密码学的发展历史大致可以划分为以下五个阶段：古典密码、近代密码、现代密码、公钥密码学以及未来密码。

第一阶段从古代到 19 世纪末，是密码学发展早期的古典密码阶段。这一阶段，人类有众多的密码实践。在古罗马时期，罗马国王恺撒就开始使用密码与他的将军们进行联系，称之为"恺撒密码"。这一阶段的密码学还不能称为一门科学，密码的编码多半是字谜，这一时期的密码专家常常靠直觉、猜测和信念来设计、分析密码，而不是凭借推理和证明。密码算法采用针对字符的替代和置换。

第二阶段从 20 世纪初到 1949 年，是近代密码发展阶段。由于机械工业的迅猛发展，这一阶段开始使用机械代替手工计算，发明了机械密码机和更进一步的机电密码机，但是密码算法的安全性仍然取决于对密码算法本身的保密。这个阶段最具代表性的密码机是 ENIGMA 转轮机。

第三阶段从 1949 年到 1975 年，是现代密码学的早期发展时期。1949 年，科学家香农（Shannon）发表的划时代论文《保密系统的通信理论》（*The Communication Theory of Secret Systems*），为密码学奠定了理论基础，密码学从此开始成为一门科学。在此时期，1967 年 David Kahn 出版了专著《破译者》（*The Code Breakers*），20 世纪 70 年代初 IBM 的 Horst Feistel 等研究人员发表了关于密码学技术的研究报告，大量社会机构的学者和研究人员开始对密码学产生兴趣并进行研究。

第四阶段自 1976 年开始一直延续至今，属于公钥密码时代。1976 年，Diffie 和 Hellman 发表了题为《密码学的新方向》（*New Directions in Cryptography*）的文章，提出了公钥密码的思想，引发了密码学历史上的一次变革，标志着密码学进入公钥密码学的新时代。1977 年，美国制定了数据加密标准（*Data Encryption Standard*，DES），公开密码算法的细节，并准许用于非机密单位和商业应用。这个时期密码得到广泛应用，密码标准化工作和实际应用得到各国政府、学术界和产业界的空前关注，推动了密码学的研究与应用。

第五阶段属于未来密码的发展阶段。虽然对于"未来密码"暂时无法下定义，但相关的趋势却已初露端倪。算法类密码将依然存在，是现代密码的不断延续。但是未来的算法类密码与今天的现代密码可能完全不同，它们至少要经受得起以量子计算机和 DNA 计算机为代表的超级并行运行的攻击。以量子密码为代表的非算法类密码，也将成为未来密码的主流之一。密码学家们可能会利用例如量子纠缠和不确定性原理等奇特的物理现象，来设计一些新的密码体系。

3. 常用加解密技术及特点有哪些？

对称加密又称私钥加密，即信息的发送方和接收方用同一个密钥去加密和解密数据。它的最大优势是加 / 解密速度快，适合于对大数据量进行加密，但密钥管理困难。如果进行通信的双方能够确保专用密钥在密钥交换阶段未曾泄露，那么机密性和报文完整性就可以通过这种加密方法加密机密信息、随报文一起发送报文摘要或报文散列值来实现。对称加密特点如下：

（1）对称加密的密码算法思想是替代和代换，运算速快；

（2）对称加密的加、解密的密钥一般相同或者通信双方彼此很容易推出来；

（3）密钥是私密的，通信双方通信之前要传递密钥；

（4）在通信双方人数很多时，密钥的管理很困难；

（5）Feistel 结构是对称加密的通用结构，融合了扩散和混乱的基本思想。混乱是用于掩盖明文和密文之间的关系，使得密钥和密文之间的统计关系尽可能繁杂，从而导致攻击者无法从密文推理得到密钥；扩散是指把明文的统计特征散布到密文中去，令明文每一位影响密文的多位的值。

非对称加密又称公钥加密，使用一对密钥来分别完成加密和解密操作，其中一个公开发布（即公钥），另一个由用户自己秘密保存（即私钥）。在公钥密码系统中，加密密钥和解密密钥不同，由加密密钥推导出相应的解密密钥在计算上是不可行的。信息交换的过程是：甲方生成一对密钥并将其中的一把作为公钥向其他交易方公开，得到该公钥的乙方使用该密钥对信息进行加密后再发送给甲方，甲方再用自己保存的私钥对加密信息进行解密。非对称加密特点如下：

（1）非对称加密又被称为"公开密钥算法"，密钥有公钥和私钥之分；

（2）非对称加密利用了单向陷门函数，易单向求值，若逆向变换则就需要依赖"陷门"，否则很难实现；

（3）非对称加密通信双方之间不需要进行密钥通信；

（4）密钥管理相对容易；

（5）两者都拥有一对密钥。发送方利用接收方的公钥加密信息后传递，接收方需要利用自己的私钥才能解密得到信息。

4. 什么是哈希函数？

对称密码和非对称密码，主要是针对窃听、业务流分析等形式的威胁，解决消息的机密性问题。而实际的系统和网络还可能受到消息篡改、冒充和抵赖等形式的攻击。要确保消息的完整性、真实性和不可否认性，哈希（Hash）函数是进行消息认证的基本方法，其主要用途是消息完整性检测和数字签名。

常见的哈希算法有 MD 和 SHA。MD 系列算法都是 Ron Rivest 设计的单向哈希函数，包括 MD2、MD3、MD4 和 MD5，其中 MD5 是 MD4 的改进版，也是目前常用的版本，两者采用了类似的设计思想和原则，对于任意长度的输入消息 M，都产生长度为 128 位的哈希输出值。但 MD5 比 MD4 更复杂一些，其安全性也更高。SHA 又分为 SHA-1、SHA-224、SHA-256、SHA-384 和 SHA-512 几种单向哈希算法，后面 4 种算法有时被合并称为 SHA-2。SHA-1、SHA-224 和 SHA-256 适用于长度不超过 264 二进制位的消息。SHA-384 和 SHA-512 适用于长度不超过 2128 二进制位的消息。SHA 系列算法经过加密专家多年来的改进已经日趋完善，成为公认的最安全的散列算法之一。

5. 国密算法简介

国密即国家密码局认定的国产密码算法。商用密码是指能够实现商用密码算法的加密、解密和认证等功能的技术。商用密码技术是商用密码的核心，国家将商用密码技术列入国家秘密，任何单位和个人都有责任和义务保护商用密码技术的秘密。

为了保障商用密码的安全性，国家商用密码管理办公室制定了一系列密码标准，包括 SM1（SCB2）、SM2、SM3、SM4、SM7、SM9、祖冲之密码算法（ZUC）等等。其中 SM1、SM4、SM7、祖冲之密码（ZUC）是对称算法，SM2、SM9 是非对称算法，SM3 是哈希算法。其中 SM1、SM7 算法不公开，调用该算法时，需要通过加密芯片的接口进行调用。

表 4　国内外常用商密对比

密码分类		国产商用密码	国际商用密码
对称加密	分组加密 / 块加密	SM1/SCB2；SM4/SMS4；SM7	DES；IDEA；AES；RC5；RC6
	序列加密 / 流加密	ZUC（祖冲之算法）；SSF46	RC4
非对称 / 公钥加密	大数分解		RSA；DSA；ECDSA；Rabin
	离散对数	SM2；SM9	DH；DSA；ECC；ECDH
密码杂凑 / 散列		SM3；	MD5；SHA-1；SHA-2

三、可信计算技术

1. 什么是可信计算？

可信计算是一种运算同时进行安全防护的、保障信息系统可预期性的新计算模式。它实现了在计算的同时进行安全防护，使计算结果总是与预期值一样，使计算全程可测可控，不受干扰。可信计算以密码为基因抗体实施身份识别、状态度量、保密存储等功能，及时识别"自己"和"非己"成分，从而破坏与排斥进入机体的有害物质，相当于为网络信息系统培育了免疫能力。

2. 为什么说可信计算技术是一种"免疫"技术？

可信计算是保障信息系统可预期性的技术，是指在计算的同时进行安全防护，使计算结果总是与预期值一样，使计算全程可测可控，不受干扰。这一安全防护方式的原理类似于人体的免疫系统，把系统中按照属主要求部署和运行以完成属主所需要功能的部分当作"自己"，可能干扰属主功能正常执行的部分定义为"非己"，在密码机制支持下实施身份识别、状态度量、保密存储，及时识别"自己"和"非己"部分，通过破坏和排斥"非己"部分确保信息系统的可信。这种保障措施是一种主动免疫的方式，与当前流行的以防火墙、防病毒与入侵检测等产品为代表的基于特征库进行被动查杀的防护方式有本质区别。

主动免疫是中国可信计算革命性创新的集中体现。我国自主创建的主动免疫体系结构如图 4 所示。在双系统体系框架下，采用自主创新的对称非对称相结合的密码体制，作为免疫基因；通过主动度量控制芯片（TPCM）植入可信源根，在TCM 基础上加以信任根控制功能，实现密码与控制相结合，将可信平台控制模块设计为可信计算控制节点，实现了 TPCM对整个平台的主动控制；在可信平台主板中增加了可信度量控制节点，实现了计算和可信双节点融合；软件基础层实现宿主操作系统和可信软件基的双重系统核心，通过在操作系统核心层并接一个可信的控制软件接管系统调用，在不改变应用软件的前提下实施对应执行点的可信验证，达到主动防御效果；网络层采用三元三层对等的可信连接架构，在访问请求者、访问连接者和管控者（即策略仲裁者）之间进行三重控制和鉴别，

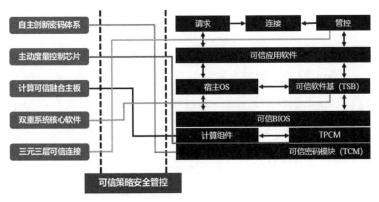

图 4　主动免疫体系结构

管控者对访问请求者和访问连接者实现统一的策略验证，解决了合谋攻击的难题，提高了系统整体的可信性。

另外，特别提醒的是对应用程序未作干预处理，这是确保能正确完成计算任务逻辑完整性所要求的，正确的应用程序不应打补丁，否则将形成新的漏洞。

3. 在国家的主要信息安全规范中，有哪些法律法规对可信计算提出了相关要求？是如何表述的？

《网络安全法》第 16 条：国务院和省、自治区、直辖市人民政府应当统筹规划，加大投入，扶持重点网络安全技术产业和项目，支持网络安全技术的研究开发和应用，推广安全可信的网络产品和服务，保护网络技术知识产权，支持企业、研究机构和高等学校等参与国家网络安全技术创新项目。

《关键信息基础设施安全保护条例》第 19 条：运营者应当优先采购安全可信的网络产品和服务；采购网络产品和服务可能影响国家安全的，应当按照国家网络安全规定通过安全审查。

《国家网络空间安全战略》坚持创新驱动发展，积极创造有利于技术创新的政策环境，统筹资源和力量，以企业为主体，产学研用相结合，协同攻关、以点带面、整体推进，尽快在核心技术上取得突破。重视软件安全，加快安全可信产品推广应用。

网络安全等级保护（等保 2.0），将"可信计算"列为等保

2.0 的核心防御技术，并在此基础上构建"一个中心，三重防护"的安全防御体系，是等保 2.0 的安全架构核心。根据网络安全等级保护制度 2.0 标准，要求全面使用安全可信的产品和服务来保障关键信息基础设施安全。

4. 我国可信计算技术都有哪些特点？

中国可信计算创新点简要概括成以下几个方面：

第一，可信计算自主密码方案。可信计算平台密码方案的创新之处主要体现在算法、机制和证书结构三个方面，在密码算法上，全部采用国有自主设计的算法，提出了可信计算密码模块（TCM）；在密码机制上，对称密码与非对称密码相结合，提高了安全性和效率；在证书结构上，采用双证书结构，简化了证书管理，提高了可用性和可管性。

第二，芯片层面的主动控制。我们提出了可信平台控制模 TPCM。创新点主要体现在以下三点：首先，TPCM 作为自主可控的可信根，植入可信源根，在 TPCM 基础上加以信任根控制功能，实现密码与控制相结合；其次，TPCM 先于 CPU 启动，对 BIOS 进行验证，实现了以 TPCM 为根的主动控制和度量功能；再次，改变了可信平台模块作为被动设备的传统思路，将可信平台模块设计为主动控制节点，实现了 TPCM 对整个平台的主动控制。

第三，主板层面的计算和可信双节点融合。创新点主要在两方面，一是在可信平台主板中增加了可信度量节点，实现了主动度量与控制；二是提出了多代理度量方式，利用多度量代理（EMM）建立信任链。在主板上构成"TPCM+TCM"的双节点，信任链在"加电第一时刻"开始建立，并对外设资源实行总线级硬件可信控制，为上层提供可信硬件环境平台，提高系统安全性。以多度量代理方式建立信任链，实现到操作系统的信任传递，为 TCB 扩展提供安全保障，为动态和虚拟度量提供支撑。

第四，软件层面的双系统体系结构。从软件层面看，创新点主要在于提出了可信基础支撑软件的双系统体系结构。双系统指宿主软件系统和可信软件基（TSB）。宿主软件系统是可信计算平台中实现正常系统功能的部分。可信软件基是可信计算平台中实现可信功能的可信软件元件的全体，它不是一个独立的系统，而是由宿主系统内部多个可信软件元件逻辑上互联构成，融为一体。双系统体系结构通过在操作系统核心层加一个可信的控制软件接管系统调用，在不改变应用的前提下实施主动防御。

第五，网络层面的三元三层对等架构。创新点是提出了三层三元对等的可信连接架构。在访问请求者、访问控制者和策略仲裁者之间进行三重控制和鉴别；通过服务器集中控管，提高了架构的安全性和可管理性；对访问请求者和访问控制者实现统一的策略管理，提高系统整体的可信性。

5. 可信计算技术与传统的安全技术相比有哪些特点？

防火墙、防病毒与入侵检测安全产品，它们通过搜集攻击信息，建立特征库，采取"封堵查杀"的方式，消灭已知的安全威胁。但是，当前的攻击手段越来越系统化、多样化、隐蔽化，攻击后果也越来越严重，针对一些关键信息系统的攻击，往往初次发起即致命。

可信计算并不追求根除逻辑缺陷，它在系统中建立起主动免疫的机制，通过保证任务运行环境可信，确保完成任务的必要逻辑能够按照预期执行，防止逻辑缺陷被攻击者应用，增强信息系统自身的免疫性，使其具备抵御未知攻击的能力。可信保障机制应让攻击者进不去，即使攻击者进去了，也拿不到非授权的重要信息；即使窃取到了重要信息也看不懂，系统和信息改不了，系统工作不瘫痪，攻击行为赖不掉。

6. 可信计算技术有哪些代表性应用？应用场景有什么特点？

（1）国家电网电力调度系统安全防护建设

2014年8月，国家发改委印发了〔2014〕第14号令《电力监控系统安全防护规定》，并且同步修订了《电力监控系统安全防护总体方案》等配套技术文件。新版本的总体方案要求生产控制大区具备控制功能的系统应用可信计算技术，实现计算环境和网络环境安全可信，建立对恶意代码的免疫能力，实现等级保护的第四级要求。图5是国家电网电力调度系统可信加固方案，不修改原 D5000 控制管理系统的代码，不加装杀毒软件和 IDS，以可信计算为核心技术，通过对系统实施逐级度量认证，实现系统的主动免疫。

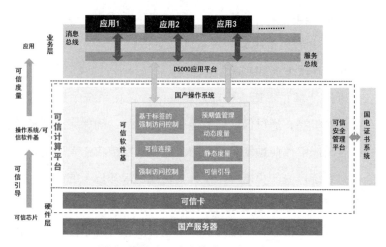

图 5　国家电网电力调度系统可信加固

（2）中央电视台可信制播环境建设

中央电视台播出 42 个频道节目，面向全球提供中、英、西、法、俄、阿等语言电视节目，在没有互联网物理隔离的计算机网络环境下，构建了网络制播的可信计算安全技术体系。中央电视台可信制播环境建立了可信、可控、可管的网络制播环境，达到等级保护第四级安全要求，确保节目安全播出。尤其是经受住了"永恒之蓝"勒索病毒攻击的考验，胜利完成了"一带一路"世界峰会的保障任务。

（3）中国银保信可信加固应用建设

网络安全作为保险业信息系统安全稳定运行的重要保障，

对于保险业稳定发展、被保险人利益保障乃至国家金融安全、社会稳定具有重要意义。通过引入可信计算技术，改造和提升了业务系统的自身安全防护能力，不依赖外部的打补丁、杀病毒等方式，彻底解决病毒木马和漏洞的威胁。在保单登记、营改增和车险等各个业务系统中逐步全面推广了可信计算技术，在系统的日常网络安全防范、网络安全专项行动中都发挥了重要作用，成功抵御了反序列化 0day 漏洞和"永恒之蓝"大规模勒索病毒等网络攻击，有力提升了核心业务的网络安全防范能力，使"可信基因"成为中国银保信的"安全基因"！

四、标识与认证技术

1. 什么是网络安全中的认证技术？网络安全中的认证技术主要包括哪几种？

网络安全认证技术是网络安全技术的重要组成部分之一。认证指的是证实被认证对象是否属实和是否有效的一个过程，其基本思想是通过验证被认证对象的属性来达到确认被认证对象是否真实有效的目的。被认证对象的属性可以是口令、数字签名或者像声音、视网膜这样的生理特征。认证常常被用于通信双方相互确认身份，以保证通信的安全。一般可以分为三种：

（1）身份认证：用于鉴别用户身份；

（2）消息认证：用于保证信息的完整性和抗否认性；

（3）站点认证：一种无须安装认证软件的用户网络访问权限的认证方法。

2. 什么是站点认证技术？常用的站点认证技术有哪些？

站点认证技术是一种对用户访问网络的权限进行控制的认证方法，这种认证方法不需要用户安装专用的客户端认证软件，使用普通的浏览器软件就可以进行身份认证。未认证用户使用浏览器上网时，接入设备会强制浏览器访问特定站点，并在指定的 web 站点进行认证操作。

常用的站点认证技术主要有 HTTP 基本认证、开放授权（OAuth）及基于 Token 的认证机制三种。

（1）HTTP 基本认证是一种允许 Web 浏览器或者其他客户端在请求时提供用户名和口令形式的身份凭证的一种登录验证方式。简单而言，HTTP 基本认证就是我们平时在网站中最常用的通过用户名和密码登录来认证的机制。

（2）开放授权（OAuth）是一种开放标准，其允许用户提供一个令牌，而不是用户名和密码来访问他们存放在特定服务提供者的数据，即第三方无须使用用户的用户名与密码就可以申请获得该用户资源的授权。每一个令牌授权一个特定的网站在特定的时段内访问特定的资源。这样，OAuth 让用户可以授权第三方网站访问他们存储在另外服务提供者的某些特定信息，而非所有内容。

（3）基于 Token 的认证机制是在用户第一次登录后，服务端会签发一个 Token，并将该 Token 发送给用户端，用户端将其存储起来（Cookie 或 Web Storage）。在此之后，用户每次向服务器发送请求时都带着此 Token，服务器验证 Token 即可。基于 Token 的认证机制，有着无须长期保存用户名和密码，服务器端能主动让 token 失效等诸多好处，非常实用于 Web 应用和 APP。

3. 什么是消息认证技术？常用的消息认证技术有哪些？

消息认证是指通过对消息或者消息有关的信息进行加密或签名变换进行的认证，目的是为了防止传输和存储的消息被有意无意地篡改，包括消息内容认证（即消息完整性认证）、消息的源和宿认证及消息的序号和操作时间认证等。

消息认证技术主要通过消息认证码来实现，产生消息认证码主要通过消息加密、消息认证码以及哈希函数三种方式来实现。

（1）消息加密主要通过对称加密和非对称加密两种方式实现，其中对称加密在每个消息后都附加错误检测码，也叫帧校检序列或校检，而非对称加密使用公钥加密来提供认证和签名功能。

（2）消息认证码是通过密钥来生成一个固定长度的数据块，并将该数据块附加在消息之后。为保证其保密性可以使用 MAC 算法后对报文加密或在使用 MAC 算法前对报文进行加密。

（3）单向哈希函数是消息认证码的一个变形，与消息认证码一样，哈希函数的输入是可变大小，输出是固定长度的值，但是与 MAC 不同的是，哈希函数不需要密钥。

4.什么是身份认证技术？常用的身份认证技术有哪些？

身份认证技术指通过网络对端通信实体的身份进行确认的技术。在网络通信的各个层次上都具有同层通信实体，都需要身份确认，其中最为核心的是应用级的用户身份确认。

（1）基于口令的认证

基于口令的认证方式是较常用的一种技术。用户首先在系统中注册自己的用户名和登录口令，系统将用户名和口令存储在内部数据库中。用户认证时，服务器查询用户信息数据库验证认证信息是否匹配来决定是否提供服务。基于口令的认证应用案例随处可见，如本地登录 Windows 系统、网上博客、即时通信软件等。

（2）双因子身份认证技术

双因子认证是一种采用时间同步技术的系统，采用了基于时间、事件和密钥三变量而产生的一次性密码来代替传统的静态密码。每个动态密码卡都有一个唯一的密钥，该密钥同时存放在服务器端，每次认证时动态密码卡与服务器分别根据同样的密钥，同样的随机参数（时间、事件）和同样的算法计算了认证的动态密码，确保密码的一致性，从而实现了用户的认证。

（3）生物特征识别认证技术

由于人的生物特征具有稳定性和唯一性，可以采用生物特征识别技术代替传统的身份认证手段，构造新型的身份认证技术。生物特征识别技术主要指使用计算机技术，利用人体本身特有的行为特征和生理特征，通过模式识别和图像处理的方法进行身份识别。生物特征主要分为生理特征和行为特征：其中，比较具有代表性的技术主要有指纹识别、人脸识别、虹膜识别、声音识别、笔迹识别等。

5. 什么是数字签名技术？常用的数字签名技术有哪些？

ISO 7498-2 标准对数字签名的定义：附加在数据单元上的一些数据，或是对数据单元所做的密码变换，这种数据或变换允许数据单元的接收者用以确认数据单元来源和数据单元的完整性，并保护数据，防止被人（如接收者）伪造。所谓"数字签名"就是通过某种密码运算生成一系列符号及代码组成电子密码进行签名，来代替书写签名或印章。它采用了规范化的程序和科学化的方法，用于鉴定签名人的身份以及对一项电子数据内容的认可。它还能验证出文件的原文在传输过程中有无变动，确保传输电子文件的完整性、真实性和不可抵赖性。

基于公钥密码体制和私钥密码体制都可以获得数字签名，主要是基于公钥密码体制的数字签名，包括普通数字签名和特殊数字签名。普通数字签名算法有 RSA、ElGamal、Fiat-Shamir、Guillou-Quisquarter、Schnorr、Ong-Schnorr-Shamir 数字签名算法、Des/DSA，椭圆曲线数字签名算法和有限自动机数字签名算法等。特殊数字签名有盲签名、代理签名、群签名、不可否认签名、公平盲签名、门限签名、具有消息恢复功能的签名等，它与具体应用环境密切相关。

6. 对认证技术进行攻击或者逆向篡改的思路主要有哪些？

暴力破解：暴力破解也称为"蛮力破解"或"穷举攻击"，是一种特殊的字典攻击。在暴力破解中所使用的字典是字符串的全集，对可能存在的所有组合进行猜测，直到得到正确的信息为止。

重放攻击：截获以前协议执行时传输的信息，然后在某个时候再次使用。对付这种攻击的一种措施是在认证消息中包含一个非重复值，如时间戳、随机数或嵌入目标身份的标志符等。

冒充攻击：攻击者冒充合法用户发布虚假消息。为避免这种攻击，可采用身份认证技术。

重组攻击：把以前协议执行时一次或多次传输的信息重新组合进行攻击。为了避免这类攻击，把协议运行中的所有消息都连接在一起。

篡改攻击：修改、删除、添加或替换真实的消息。为避免这种攻击，可采用消息认证码 MAC 或哈希函数等技术。

7. 关键信息基础设施对于认证技术的要求有哪些？

在《信息安全技术　关键信息基础设施网络安全保护基本要求（送审稿）》中，要求运营者对设备、用户、服务或应用、数据进行安全管控，对于重要业务操作或异常用户操作行为，建立动态的身份鉴别方式，或者采用多因子身份鉴别等方式。

在《信息安全技术　关键信息基础设施安全防护能力评价方法（征求意见稿）》中，要求检查安全防护措施中是否有动态身份鉴别方式或者多因素鉴别方式，并检查关键信息基础设施设备机房的门禁系统是否使用 PIN 口令、IC 卡或生物特征技术进行认证。在检查关键信息基础设施相关用户、服务或应用、数据的安全管控手段，查看其是否通过双因素身份鉴别，还要求验证身份鉴别、访问控制以及远程身份鉴别信息保护相关技术措施的可靠性和有效性。

在《信息安全技术　关键信息基础设施安全控制措施（报批稿)》中，要求在建立远程维护会话时采取强鉴别技术。

8. 什么是信息安全与网络安全中的数据安全标识技术？数据安全标识技术是如何分类的？

数据安全标识是与客体数据安全相关属性的格式化封装，是数据安全属性的信息载体。它由安全可信的数据安全标识认证系统签发，采用密码技术确保标识信息的完整性和真实性，防止被篡改和仿冒。因此，数据安全标识所承载的数据安全属性信息是安全可信的，可以作为数据全生命周期安全管控的重要信息依据。

根据客体数据与安全标识之间的关联方式，可以从不同维度进行多种分类。从标识的存在形式上看，它可分为隐式安全标识和显式安全标识；从标识与客体数据的存储关系来看，它可分为封装的安全标识、引用的安全标识和分离的安全标识；从安全性角度考虑，它可分为宽松的安全标识和强壮的安全标识。

9. 数据安全标识技术的标识结构如何？

逻辑上，数据安全标识由标识头、标识体和校验信息三部分组成。具体实现时，安全标识数据可采用不同的方式进行编码与存储。比如：可采用二进制数据结构进行组织编码，也可采用可扩展标记语言（XML）进行数据编码，或者直接采用数据库进行分字段存储。

标识头用于记录安全标识自身相关信息，用于标识数据结构的识别与管理，主要由以下信息构成：

（1）标识 ID：数据安全标识的唯一识别号；

（2）签发时间：记录标识的生成时间；

（3）签发者 ID：记录签发该安全标识的数据安全标识认证系统的唯一识别号；

（4）有效期：记录安全标识的有效起止日期。

标识体用于记录客体数据安全属性，是数据安全标识的载荷信息。不同应用领域对客体数据的安全属性关注点可能有所不同，因此标识体采用开放式的设计思路，由具体的应用项目确定其所包含的安全属性项。通常情况下，标识体可以包含数据的安全等级、业务类别以及所有者标识等信息。

校验信息主要由客体数据校验码和安全标识校验码两部分组成。

（1）客体数据校验码记录客体数据的消息摘要值，用于对客体数据进行完整性验证，以及建立客户数据与安全标识之间的绑定关系。

（2）安全标识校验码记录数据安全标识认证系统对安全标识数据中除安全标识校验码以外的所有数据的签名值，用于对安全标识数据进行完整性和真实性保护。

10. 数据安全标识技术的应用通常分为哪几个阶段?

通常分为数据采集阶段、数据传输阶段、数据存储阶段、数据处理阶段、数据交换阶段、数据销毁阶段。

数据采集阶段：在这个阶段生成由数据安全标识认证系统生成数据标识，并存入数据安全标识库，为数据生命周期后续各阶段提供安全可信的数据安全属性信息支撑。

数据传输阶段可以基于数据安全标识实施数据分级传输保护和传输控制。

数据存储阶段可以基于数据安全标识实施数据分级存储保护、访问控制和按需备份等处理。

数据处理阶段可根据数据安全标识进行数据识别、数据聚合控制、数据脱敏和数据溯源等处理。

数据交换阶段可根据数据安全标识进行数据交换控制和数据权属鉴定。

数据销毁阶段可根据数据安全标识进行销毁控制和按需销毁处理。

全周期通用安全应用：在数据全生命周期管理过程中，可在不接触客体数据的情况下，根据数据安全标识分析数据资产的静态分布情况和动态运作情况，包括整体分布、敏感信息分布、访问情况以及流动情况等。通过对数据静态分布情况和动态运作情况进行进一步分析处理，可实现数据态势感知、行为监管和安全审计等应用。

11. 关键信息基础设施对于数据安全标识的要求或规定有哪些？

在《信息安全技术　数据出境安全评估指南（征求意见稿）》中，拟要求网络运营者可在满足业务需求的前提下，对拟出境的个人信息采取去标识化等数据脱敏处理措施，并应采取技术和管理措施单独存储去标识化后个人信息，与可用于恢复标识的信息分别存储。经技术处理后的个人信息能有效降低数据出境安全风险。

在《信息安全技术　关键信息基础设施网络安全保护基本要求（送审稿）》中，要求运营者严格控制重要数据的公开、分析、交换、共享和导出等关键环节，并采取加密、脱敏、去标识化等技术手段保护敏感数据安全。

在《信息安全技术　关键信息基础设施安全防护能力评价方法（征求意见稿)》中，要求采取技术手段保证用户的身份标识、安全标记、访问控制策略在不同等级系统、不同业务系统、不同区域中的一致性。

五、访问控制技术

1. 什么是访问控制?

访问控制是指防止对任何受保护的资源进行未授权的访问，从而使计算机系统在合法的范围内使用，受保护的资源可以包括服务器、目录、数据、文件、系统硬件、软件、组件以及网络资源。

访问控制的目的主要有三个方面：(1) 防止未授权主体访问受保护的资源；(2) 允许合法主体访问受保护的资源；(3) 防止合法主体对受保护的资源进行非授权或者越权访问。

为了达到上述目的，访问控制需要完成两个任务：识别和确认访问系统的用户（主体）、决定该用户可以对某一系统资源（客体）进行何种类型的访问。

访问控制通常包括三个要素：主体、客体和访问控制策略。

(1) 主体 S (Subject)：指提出访问资源请求的操作动作发起者，可能是一个将要访问系统的用户，也可能是用户启动的进程、服务和设备等，但不一定是动作的执行者。

（2）客体 O（Object）：指被访问资源的实体，所有可以被操作的信息、资源、对象都可以是客体。客体可以是信息、文件、记录等集合体，也可以是网络上硬件设施、无线通信中的终端，甚至可以包含另外一个客体。

（3）访问控制策略：指主体对客体的相关访问规则集合，即属性集合。访问策略体现了一种授权行为，也是客体对主体某些操作行为的默认。通过合理地设定访问控制规则集合，确保访问主体对信息资源客体在授权范围内的合法使用。既需要确保授权用户对资源的合理使用，又要防止非授权用户非法访问系统资源，避免重要信息资源泄露；同时还要限制授权用户的访问权限，不能越权访问权限以外的功能及资源，避免权限的滥用。

2. 常用的访问控制策略有哪些？

常用的访问策略有自主访问控制策略、强制访问控制策略、基于角色的访问控制策略，以及基于属性的访问控制策略等等。

自主访问控制（*Discretionary Access Control*，DAC），是指对某个客体具有所有权（或控制权）的主体能够将该客体的访问权限（或者访问权限的某个子集）自主地授予其他主体，并在必要时有能力将权限回收。这种授权是自主的，完全取决于主体（用户）的决策意愿。

强制访问控制（Mandatory Access Control，MAC），通常由管理机构来进行授权决策，决定哪些主体能够访问哪些对象或资源，通常用于信息安全分类或者分级的系统访问控制管理。

基于角色的访问控制（Role-Based Access Control，RBAC），指访问权限不是直接授予某一个具体用户，而是授予一组具有相同特征的用户（称为一个"角色"）。当一个用户被分配某一个角色后，就自动继承了这一角色的所有访问权限，由此避免了权限的频繁分配和变更。通常用于用户数量大流动性高的系统，是一种广泛应用的访问控制策略。

基于属性的访问控制（Attribute-Based Access Control，ABAC），指基于访问主体、客体或环境相关的属性来进行访问授权，而不是基于访问主体和客体之间的关系来直接授权。访问主体可以有不同的属性，例如开发人员、测试人员或者是普通用户；访问客体也可以有不同的属性，例如商品、产品、原材料或服务等等。利用主体、客体和环境的不同属性描述，可以建立细粒度的访问控制策略，具有较强的灵活性。在开放网络环境下，基于属性的访问控制策略受到越来越多的关注。

3. 关键信息基础设施对访问控制策略的更新和维护的要求有哪些？

《信息安全技术　关键信息基础设施安全防护能力评价方法（征求意见稿）》对访问控制策略更新和维护相关的评价操作方法要求：

检查关键信息基础设施重要业务操作或异常用户操作行为清单，重要的业务用户、管理用户、服务、应用、数据资源清单，访问控制策略的更新和维护记录，查看其：

（1）是否在关键信息基础设施发生改建、扩建、业务流程变更等重大变化时，重新开展上述清单识别制定工作，并更新清单；

（2）是否根据管理要求定期更新清单和访问控制策略；

（3）是否根据业务风险以及外部威胁变化对清单进行不定期更新；

（4）是否根据风险、外部威胁或业务流程的变化对访问控制策略进行不定期更新。

4. 什么是网络安全的分区分域管理策略？

网络安全域是指同一系统内有相同的安全保护需求，相互信任，并具有相同的安全访问控制和边界控制策略的子网或网络，广义可理解为具有相同业务要求和安全要求的 IT 系统要素的集合。

网络安全域一般可划分为四个部分：本地网络、远程网络、公共网络、伙伴访问。相同的网络安全域可以共享一样的安全策略，而不同的安全域之间通过防火墙设置进行安全保护。

本地网络域的安全内容有：桌面管理、应用程序管理、用户账号管理、登录验证管理、文件与打印资源管理、通信通道管理以及灾难恢复管理等与安全相关的内容。

远程网络域的安全内容为：安全远程用户以及远程办公室对网络的访问。

公共网络域的安全内容为：安全内部用户访问互联网以及互联网用户访问内网服务。

伙伴访问域的安全内容为：保证企业合作伙伴对网络的访问安全，保证传输的可靠性以及数据的真实性和机密性。

安全分区是指一个大的安全域还可根据内部不同部分的不同安全需求再划分为很多小的区域，称为安全分区。

安全分区分域策略对企业网络建设的重要意义主要在于：明确安全区域边界，可以在此基础上实施边界安全策略，加强安全区域策略控制能力，控制攻击的扩散，实现纵深防御策略，并为应对安全突发事件提供缓冲处理时间。

5. 安全区域主要分为哪几种类型？

物理网络区域：指数据网中，依照在相同的物理位置定义的网络区域，通常如办公区域、远程办公室区域、楼层交换区域等。

网络功能区域：指以功能为标准，划分的逻辑网络功能区域，如互联网区域、生产网区域、办公网区域等。

网络安全区域：指网络系统内具有相同安全要求、达到相同安全防护等级的区域。同一安全区域一般要求有统一的安全管理组织和安全防护体系及策略，不同安全区域的互访需要有相应的边界安全策略。

各类型区域之间的关系如下：

物理网络区域和网络安全区域的关系：一个物理网络区域可以对应多个网络安全区域，一个网络安全区域只能对应一个物理网络区域。

网络功能区域和物理网络区域的关系：一个网络功能区域可以对应多个物理网络区域，而一个物理网络区域只能对应一个网络功能区域。如办公网功能区域，可以包含总部办公网物理区域、远程办公室办公网物理区域、移动办公物理区域等。

网络功能区域和网络安全区域的关系：一个网络功能区域可以对应多个网络安全区域，一个网络安全区域只能对应一个网络功能区域。

6. 安全区域划分的原则有哪些？

（1）一体化设计原则

综合考虑整体网络系统的需求，保证一个系统的网络安全区域设计规范的完整性。

（2）多重保护原则

不把整个系统的安全寄托在单一的安全措施或安全产品上，建立一套多重保护系统，各重保护相互补充，当一层保护被攻破时，其他层的保护仍可确保信息系统的安全。

（3）清晰定义安全区域边界

设定清晰的安全区域边界，可以明确安全区域策略，从而确定需要部署何种安全技术和设备。

（4）在安全域之间执行完整的策略

在安全域之间执行完整的安全策略，帮助建立完整的纵深防御体系，方便安全技术实施部署。

（5）安全域数量、安全风险平衡原则

较多的安全区域划分可以提供更精确的访问控制策略，提高网络的可控性。但太多的安全区域，会增加管理复杂性，需要在较多的安全区域划分和管理的复杂性之间做出平衡选择。

分析网络系统面临的安全风险问题，确保网络系统安全实施成本与被保护资源的价值相匹配；确保安全防护效果与网络系统的高效、健壮相匹配。

7.《关键信息基础设施安全保护条例》对于分区分域管理的要求有哪些？

《信息安全技术　关键信息基础设施网络安全保护基本要求（报批稿）》要求运营者应根据承载业务的重要性和数据的敏感程度，对关键信息基础设施实施分区分域管理，制定关键信息基础设施不同区域的访问控制策略，部署边界防护措施，避免重要网络、系统和资产遭受未经授权的访问，防止重要数据泄露或者被窃取、篡改。

在安全网络通信方面，《信息安全技术　关键信息基础设施网络安全保护基本要求（报批稿）》要求互联网安全运营者应遵守以下规定：

（1）建立或完善不同等级系统、不同业务、不同区域之间的安全互联策略。

（2）保持相同用户其用户身份、安全标记、访问控制策略等在不同等级系统、不同业务系统、不同区域中的一致性。例如，可以使用统一身份与授权管理系统／平台。

（3）对不同局域网之间远程通信时采取安全防护策略，例如在通信前基于密码技术对通信的双方进行验证或认证。

边界防护运营者应遵守：

（1）对不同网络安全等级系统、不同业务系统、不同区域之间的互操作、数据交换和信息流向进行严格控制。例如：采取措施限制数据从高网络安全等级系统流向低网络安全等级系统。

（2）应对未授权设备进行动态检测及管控，只允许通过运营者自身授权和安全评估的软硬件运行。

8. 关键信息基础设施对于关键信息的访问控制防护能力的要求有哪些？

《信息安全技术 关键信息基础设施安全防护能力评价方法（征求意见稿）》要求：

（1）对于关键信息基础设施的访问控制相关文档，要检查其：

① 重要业务操作和异常用户操作行为，重要的业务用户、管理用户、服务、应用、数据资源的访问控制策略制定过程是否规范；

② 重要的业务用户、管理用户、服务、应用、数据资源的访问控制策略是否经过内部审核。

（2）检查关键信息基础设施重要的业务用户、管理用户、服务、应用、数据资源清单，访问控制策略的更新和维护记录，查看其：

① 是否根据管理要求定期更新清单和访问控制策略；

② 是否根据风险、外部威胁或业务流程的变化对访问控制策略进行不定期更新。

（3）检查关键信息基础设施相关用户、服务或应用、数据的安全管控手段，查看其：

① 针对重要业务数据资源进行操作时，是否依据用户和数据安全标记实现访问控制；

② 是否采取技术手段保证用户的身份标识、安全标记、访问控制策略在不同等级系统、不同业务系统、不同区域中的一致性；

③ 用户、服务或应用的访问权限是否与访问控制策略一致；

④ 是否由授权主体对用户、服务或应用等访问主体进行权限分配，并实行双重审核。

（4）测试验证上述访问控制相关技术措施的可靠性和有效性。

9. 什么是授权？对授权的要求有哪些？

授权是指授予用户对系统的访问权限，确定用户是否可以访问特定资源（如信息、文件、数据库、资金、位置等几乎任何内容）的过程，通常发生在身份验证之后。

《信息安全技术 关键信息基础设施网络安全保护基本要求（报批稿）》要求在鉴别与授权方面，关键信息基础设施运营者应：

明确重要业务操作或异常用户操作行为，并形成清单。

对设备、用户、服务或应用、数据进行安全管控，对于重要业务操作或异常用户操作行为，建立动态的身份鉴别方式，或者采用多因子身份鉴别等方式。

针对重要业务数据资源的操作，基于安全标记等技术实现访问控制。

《信息安全技术 关键信息基础设施安全防护能力评价方法（征求意见稿）》对于授权规定：需要由授权主体对用户、服务或应用等访问主体进行权限分配，并实行双重审核。

对于不同的鉴别与授权能力等级描述包括：

（1）能力等级1：由授权主体对用户、服务或应用等访问主体进行权限分配，并实行双重审核；

（2）能力等级2：用户、服务或应用的访问权限与访问控制策略一致；

（3）能力等级3：定期审核鉴别与授权能力并持续更新。

更多内容参见《信息安全技术 关键信息基础设施安全防护能力评价方法（征求意见稿）》6.1.3能力等级。

对网络边界与防护要求检查关键信息基础设施的非法内

外联管控手段，规定要对授权相关的工作进行检查，包括：

（1）是否采取技术手段对接入关键信息基础设施的软硬件进行授权；

（2）授权接入的软硬件在接入前是否开展安全评估，包括但不限于是否存在恶意代码、漏洞、后门等方面的安全评估；

（3）当未授权设备（含设备、移动硬盘、U盘）通过有线、无线、u口或console口等各种方式接入关键信息基础设施时，是否能够动态检测到，发出预警，并自动阻断连接；

（4）当授权设备非授权联到外部网络时，是否能够自动发现，发出预警，并自动阻断连接；

（5）是否定期检查非授权设备私自接入关键信息基础设施和授权设备私自联到外部网络的违规行为。

10.什么是职责分离？对于职责分离的要求有哪些？

职责分离指一些不相容的职务，不能由一个人来担任的访问授权原则。

《信息安全技术　关键信息基础设施安全控制措施（报批稿）》要求：关键信息基础设施运营者应遵循职责分离原则进行访问授权，包括：

（1）对关键职责进行分离，通过访问控制措施予以落实。

（2）分离冲突的职责及其责任范围，以减少未经授权或无意的不当使用行为。例如，安全人员能够管理访问控制功能，但不能管理审计功能。

（3）划分业务功能和信息系统支持功能，由不同的个人或角色执行信息系统支持功能，如系统管理、系统程序设计、配置管理、质量保证和测试、网络安全等功能。

11. 什么是最小特权？对于最小特权的要求有哪些？

最小特权是指每个程序和系统用户都应该具有完成任务所必需的最小权限集合，也称为最小授权或最小权限。最小特权原则被认为是增强对数据和功能的保护的重要设计，是系统安全的基本原则之一。

《信息安全技术　关键信息基础设施安全控制措施（报批稿）》对于最小特权规定，即关键信息基础设施运营者应：

（1）确保为用户提供的访问权限是其完成指定任务所必需的，且符合本组织的业务需求。

（2）将特权功能的执行纳入信息系统需要审计的事件中。

（3）确保信息系统能够阻止非特权用户执行特权功能，以防禁止、绕过或替代已实施的安全措施。

（4）对于可能超越系统和应用控制的实用程序的使用予以限制并严格控制。

12. 不同数据安全能力等级对个人信息、敏感信息及重要数据的访问控制的要求有什么差别？

关键信息基础设施安全防护能力依据 5 个能力域完成程度

的高低进行分级评估，包括 3 个能力等级。能力等级之间为递进关系，高一级的能力要求包括所有低等级能力要求。能力等级及特征详见下表"安全能力等级及特征"。

《信息安全技术 关键信息基础设施安全防护能力评价方法（征求意见稿）》规定：数据安全能力等级 2 级，要求"对个人信息、敏感信息及重要数据的访问控制要求应符合鉴别与授权的能力等级 2 的要求"。即：

（1）根据业务风险以及外部威胁变化对重要的业务用户、管理用户、服务、应用、数据资源清单进行不定期更新；

（2）重要业务操作或异常用户操作行为的识别过程需要综合考虑业务以及网络安全相关的威胁和风险；

（3）重要业务操作和异常用户操作行为清单识别结果需要经过内部审核。

能力等级 3 要求：对个人信息、敏感信息及重要数据的访问控制要求符合鉴别与授权的能力等级 3 的要求，即：定期审核鉴别与授权能力并持续更新。

表5 安全能力等级及特征

关键信息基础设施 安全防护能力等级	等级特征
能力等级 1	能识别相关风险，防护措施成体系，能够开展检测评估活动，具备监测预警能力；能够按规定接受和报送相关信息；在突发事件发生后能应对并按计划恢复

续表

关键信息基础设施安全防护能力等级	等级特征
能力等级 2	能清晰识别相关风险，防护措施有效，能够检测评估出主要安全风险，主动监测预警和态势感知，事件响应较为及时，业务能够及时恢复
能力等级 3	识别认定完整清晰，防护措施体系化、自动化高，能够及时检测评估出主要安全风险，使用自动化工具进行监测预警和态势感知，信息共享和协同程度高，事件响应及时有效，业务可近实时恢复

13. 数据出入境安全管理对于重要数据访问控制能力的要求有哪些?

《信息安全技术　数据出境安全评估指南（征求意见稿)》对数据出入境的安全要求：

（1）数据的发送方：应对发送方的技术手段保障能力进行评估，并具备数据传输过程中实施身份鉴别和访问控制的能力，防止数据接收方或第三方非授权访问和调取数据。

（2）数据的接收方：应对接收方的技术保障能力进行评估，应具备数据处理过程中实施身份鉴别和访问控制的能力。

六、网络与系统安全防护技术

1. 什么是网络与系统安全防护技术?

网络安全防护技术是指解决诸如如何有效进行接入控制,如何保证数据安全传输的技术手段,主要包括物理安全分析技术、网络结构安全分析技术、系统安全分析技术、管理安全分析技术,及其他的安全服务和安全机制策略。

系统安全防护技术是指从操作系统安全、数据库安全、安全监视、身份认证、安全授权、网络和安全设备、性能指标等维度建立系统纵深防御体系。

在《关键信息基础设施安全保护条例》中,主要是针对关键信息基础设施运营者围绕网络安全和数据安全这两大方向进行工作部署和要求,这可以体现出国家有关部门对关键信息基础设施的网络安全方面保护工作的重视。在最新颁布的"等保2.0"中,要求运营者从被动防御转变为主动防御,其中主动防御的一个关键性动作就是如何捕捉关键信息基础设施网络中的攻击行为和溯源攻击者,这两部分内容将会在本编"六、网络与系统安全防护技术"和"七、安全攻防与溯源技术"中提到。

2. 操作系统的安全防护需求主要分为哪几类?

操作系统的安全防护需求侧重于对资源的安全管理和保护,大致可以分为 4 类:

（1）对用户的安全管理：目前绝大多数的操作系统都是多用户的，在多用户的操作系统中，进程、资源都与某些特定的用户相关联，各类用户角色不同，权限需求也会不一样，因此必须实现对用户的安全管理。

（2）对内存和进程的保护：目前多数系统都是基于多任务工作的，这需要保证多个任务在内存的使用上不出现冲突，也不可以使它们能够越界读取。

（3）对"对象"的保护：可以将操作系统中的文件和外部设备等资源抽象为一般对象。对一般对象的访问和共享应该满足一定的安全策略。

（4）对进程的协调：在多任务操作系统中，多进程同时执行可能引起资源访问上的冲突，若不加以协调，可能造成锁死。

3. 关于操作系统的安全防护技术主要有多少种，分别是什么？

为了满足上述 4 类安全需求，关于操作系统的安全防护技术衍生出以下几种安全技术：

（1）内存分离和进程分离：内存分离是指系统将内存划分为操作系统空间部分和用户程序空间部分，用户程序空间部分又划分为多个区域以供不同的用户进程使用，在操作系统的控制下，不同的程序仅能读写所分配范围的内存。进程的分离手段是对 CPU 实行分时调度，每个时间片执行一个进程，当需要调度 CPU 运行一个进程 A 时，操作系统将当前运行的进程 B 的上下文保存在分离的进程控制块（PCB，Procedd Control Block，记为 PCBb）上，而用 PCBa 的内容改写成 CPU 和寄存器的状态，恢复进程 A 原先的执行环境。

（2）账户系统和特权管理：多用户操作系统需要建立功能全面的账户系统，整个系统包括账户创建、账户撤销、口令管理、登录控制、认证授权等多项功能。特权管理包含特权操作管理和特权账户设置。特权操作是指对系统安全较为重要的操作，如开设账户、重要服务的启动和关闭等。

（3）系统的访问控制机制：Windows 系统中的访问控制技术主要为自主型和强制型两类访问控制技术。Linux 系统基本采用自主型访问控制。

（4）文件保护技术：① 防止因不可抗力因素对文件造成破坏，需提供文件的冗余和备份；② 防止文件通过底层技术进行窃密，如将硬盘拆卸下来，安装到其他系统上进行读取，可以使用硬盘加密技术对重要文件进行保护。

（5）内核安全技术：内核将安全模块与操作系统的其他部分及用户程序分隔开，可以减轻遭受外来侵害的威胁；任何系统操作、调用的执行需要通过内核，因此在内核设置安全模块能够每次都检查这些操作、调用的合法性；最后，内核安全模块可以以更直接的方法实施安全检查。

（6）操作系统安全审计技术：由操作系统提供开发手段和调用接口、由扩展模块和应用软件进行支持，使得这些模块和软件能够支持审计的要求。

（7）形式化验证技术：形式化验证运用逻辑规则等分析手段证明一个系统具有某个安全性质。

4. 传统防火墙技术存在哪些不足？

防火墙技术自诞生以来就广受欢迎，并且成为阻挡网络攻击的第一道防线。传统的防火墙是工作于应用层（七层模型）之下的，它可以分为包过滤防火墙和状态检测防火墙。包过滤防火墙采用类似于 ACL（接入访问控制列表）的规则控制数据包的单向访问，工作原理简单快捷，但是不足的地方是：

（1）ACL 需手工配置，规则多且复杂，不能根据需求变化而自动修改；

（2）无法识别和检测针对应用层的攻击；

（3）不能对信息泄露进行防护；

（4）不能对恶意代码进行防护。

5. 什么是关键信息基础设施网络准入控制？关键信息基础设施信息基础设施网络准入控制的类型有多少种？

网络准入控制（Network access control，NAC）是指在网络层中只允许合法的、值得信任的终端设备（例如 PC、服务器、网络设备）接入网络，而不允许其他设备接入，其目的是防止病毒和蠕虫等新兴黑客技术对企业安全造成危害。而"关键信息基础设施网络准入控制"是指在关键信息技术设施网络中实施准入控制技术。

关键信息基础设施中可用的网络准入控制类型主要有以下 6 种：

（1）802.1x 准入控制：它是一种基于端口的认证协议，是一种对用户进行认证的方法和策略。端口既可以是一个物理端口，也可以是一个逻辑端口（如 VLAN）。

（2）DHCP 准入控制：与现有网络兼容性较好。但一般厂家的 DHCP 准入控制采用 DHCP 服务器与 DHCP 准入控制装置分离的控制方法，实施较难。

（3）网关型准入控制：它不是一种真正意义上的准入控制。因为它只控制了网络的出口，没有控制内网的边界接入。

（4）ARP 型准入控制：它是用 ARP 欺骗和 ARP 攻击对不合规的终端进行攻击，达到对网络边界进行保护的目的。但 ARP 的欺骗和攻击对装有 ARP 防火墙的终端没有作用。另外，ARP 的攻击会造成网络堵塞，不利于大型网络。

（5）MVG（多厂商虚拟网关）准入控制：该技术可以支持主流厂商可网管型交换机。在 MVG 的技术架构中，准入控制设备采用旁路方式连接核心交换机，整体技术实现的关键是 VLAN 切换，只需接入层交换机可管理（支持 telnet/ssh/snmp）即能实现端口级安全准入控制，并且不需要安装客户端。

（6）portal 型准入控制：它是兼容性比较好的一种控制手段，利用交换机端口重定向（http 重定向）的手段进行身份认证。这种方式不需要考虑客户网络的情况进行部署。

6. 如何捕捉关键信息基础设施网络中的攻击行为？

目前，网络上捕获攻击行为通常使用"蜜罐"技术。蜜罐会提供一些和真正业务系统类似的服务，如数据库、Web、Mail、SSH、Samba 等，里面也会存放一些模拟真实业务的数据，而且这些服务都存在安全漏洞，容易被攻击工具识别，从而吸引黑客攻击。蜜罐与黑客交互的过程中，后台将会记录黑客从哪个 IP、哪个账号进行了什么操作，并将日志信息传输到一台安全的服务器（防止黑客抹掉蜜罐的日志），一般接入 SIEM（安全信息和事件管理）服务器，进行统一存储，分析并处理。通过虚拟化技术，可以在一台实体服务器上部署几十甚至上百个蜜罐节点，可以让不清楚状况的黑客在蜜罐群中忙得不亦乐乎，从而达到保护业务，延缓攻击的作用。

7. 关键信息基础设施网络中如何防范恶意代码攻击？

关键信息基础设施按照是否接入互联网可以分为两大类：（1）有互联网接入类，与互联网相连接的信息基础设施，且暴露其互联网资产；（2）无互联网接入类，不与互联网相连接，使用内部网络互联互通的信息基础设施。针对这两类关键信息基础设施，它们主要面临的恶意代码攻击风险及攻击路径如下：

（1）有互联网接入类

这种类型的关键信息基础设施，面临的恶意代码风险主要是暴露在互联网上的网络资产和应用系统资产被攻击，攻击流量主要是来自于互联网侧，其次是运营单位里与关键信息系统相关的工作人员，容易受到来自互联网侧的"社会工程学攻击"。例如：钓鱼邮件攻击，攻击者仿冒企业里某个部门主管给相关人员发送邮件，以获取敏感信息（账号密码等）为主。

针对安全威胁的防护措施，建议如下：① 在互联网出口网关处部署相关的安全设备，对网络层的攻击和应用层的攻击在出口处进行第一处拦截和防御；② 定期对互联网资产进行测绘并开展渗透测试工作；③ 在邮件服务器前部署邮件安全网关，对"钓鱼邮件"进行拦截防护；④ 定期组织人员的安全意识培训。

（2）无互联网接入类

这种类型的关键信息基础设施，面临的恶意代码风险主要是来自于内网的传播扩散。那么恶意代码是如何从互联网传播进隔离内网的呢？一般恶意代码传播进隔离内网有这么几个路径：① 内网的工作人员违规将只能在内网使用的笔记本终端连接互联网使用，在使用过程中不慎感染病毒。② 内部的工作人员违规将 U 盘插入内网终端使用，导致恶意代码可通过 U 盘传播进隔离内网。伊朗核电站的"震网病毒"事件就是通过此路径传入隔离内网的。③ 第三方系统承包商的运维人员将自己的笔记本终端接入隔离内网，如果该笔记本终端本身就感染了恶意病毒，那么将会通过此路径传播进内网进行横向扩散。

针对上述几种情况，整体的防护方案主要从以下几个层面去进行布防联控。

（1）技术层面

① 部署内网的态势感知平台，对内网全流量进行整体的监控，一旦发现内网出现攻击行为，立即定位受感染终端，并将其下线处理。

② 内网分区域防护，在重要区域设置防线。建议将内网服务器区域与内网人员的办公网络区域进行分区域防护，在内网服务器区域的出口处部署安全防护设备，以防御来自于办公网络区域出现的内部横向网络攻击行为。

③ 将隔离网内的所有服务器和终端设备的 USB 接口采取技术手段封禁，日常状态下不允许使用 USB 接口，除非工作需要，可以在使用时临时开启。

（2）管理制度层面

① 禁止隔离内网中的设备连接互联网使用。

② 工作中使用的 U 盘应与个人使用的 U 盘区分开来，并且个人使用的 U 盘不能在工作内网终端上使用。工作 U 盘在插入内网终端使用前，必须在安全机上进行杀毒，确保安全后方可使用。

③ 禁止第三方承包商的职员使用自己的笔记本电脑，只能使用内网的终端电脑进行维护工作。

8. 与网络和系统安全防护技术相关的国家标准都有哪些？

目前与网络和系统安全防护技术相关的 2021 年正式发布

的最新国家标准有 17 个左右：

（1）2021 年 7 月 1 日实施的国家标准有 6 个，分别如下：

① 《信息技术 安全技术 消息鉴别码 第 1 部分：采用分组密码的机制（GB/T 15852.1—2020）》，代替标准号《GB/T 15852.1—2008》；

② 《信息技术 安全技术 信息安全事件管理 第 2 部分：事件响应规划和准备指南（GB/T 20985.2—2020）》；

③ 《信息技术 安全技术 信息安全管理体系审核指南（GB/T 28450—2020）》，代替标准号《GB/T 28450—2012》；

④ 《信息安全技术 服务器安全技术要求和测评准则（GB/T 39680—2020）》，代替标准号《GB/T 21028—2007》和标准号《GB/T 25063—2010》；

⑤ 《信息安全技术 移动智能终端安全技术要求及测试评价方法（GB/T 39720—2020）》；

⑥ 《信息安全技术 健康医疗数据安全指南（GB/T 39725—2020）》。

（2）2021 年 6 月 1 日实施的国家标准有 11 个，分别如下：

① 《信息安全技术 网络产品和服务安全通用要求（GB/T 39276—2020）》；

② 《信息安全技术 个人信息安全影响评估指南（GB/T 39335—2020）》；

③ 《信息安全技术 代码安全审计规范（GB/T 39412—2020）》；

④《信息安全技术 政务信息共享数据安全技术要求（GB/T 39477—2020）》；

⑤《信息安全技术 系统安全工程能力成熟度模型（GB/T 20261—2020）》，代替标准号《GB/T 20261—2006》；

⑥《信息安全技术 XML 数字签名语法与处理规范（GB/T 25061—2020）》，代替标准号《GB/T25061—2010》；

⑦《信息技术 安全技术 网络安全 第1部分：综述和概念（GB/T 25068.1—2020）》，代替标准号《GB/T25068.1—2012》；

⑧《信息技术 安全技术 网络安全 第2部分：网络安全设计和实现指南（GBT 25068.2—2020）》，代替标准号《GB/T25068.2—2012》；

⑨《信息安全技术 网络安全漏洞标识与描述规范（GB/T 28458—2020）》，代替标准号《GB/T 28458—2012》；

⑩《信息安全技术 网络安全漏洞管理规范（GB/T 30276—2020）》，代替标准号《GB/T 30276—2013》；

⑪《信息安全技术 网络安全涌洞分类分级指南（GB/T 30279—2020）》，代替标准号《GB/T 30279—2013》和《GB/T 33561—2017》。

七、安全攻防与溯源技术

1. 什么是网络安全攻防技术？

网络安全攻防技术主要分为网络安全攻击技术和网络安全防御技术这两部分来理解。网络安全攻击技术是利用网络中存在的漏洞和安全缺陷对网络系统的硬件、软件及其系统中的数据进行的攻击，分为主动攻击技术和被动攻击技术。

网络安全防御技术是指为了抵御网络攻击威胁，并能及时发现网络攻击线索，修补有关漏洞，记录、审计网络访问日志，以尽可能地保护网络环境安全的技术。

在本编的后续部分中会介绍与关键信息基础设施相关的网络安全攻防技术以及如何对关键信息基础设施进行渗透测试，以评估关键信息基础设施目前的网络安全状态是怎样的。

2. 与关键信息基础设施相关的安全攻防技术都有哪些？

近年来，针对关键信息基础设施网络的攻击日渐增加，而针对关键信息基础设施网络的保护也逐渐受到重视，针对关键信息基础设施的网络攻击也逐渐趋向于工具化、简单化、更隐蔽的特点。针对关键信息基础设施的网络攻击技术有：情报搜集技术、社会工程学技术、近源渗透攻击、口令爆破、网络嗅探和监听技术等。可应用于关键信息基础设施网络中的防御类技术有：攻击溯源、蜜罐、态势感知、可信计算、APT 攻击识别等。

3. 关键信息基础设施中常见的网络攻击有哪些？

关键信息基础设施中常见的网络安全攻击依据攻击的方式大致可以划分为三类：

（1）社会工程学攻击，此类攻击包含：情报搜集、钓鱼邮件攻击、电话欺骗攻击、垃圾搜寻攻击等攻击方式。

（2）近源渗透攻击，此类攻击包含 RFID 攻击、近源 WiFi 攻击、尾随、肩窥等攻击方式。

（3）互联网攻击，包含口令破解、内网嗅探、DDOS 攻击、漏洞利用、端口扫描等攻击方式。

4. 什么是情报搜集技术？

情报搜集是开展渗透测试工作的第一个阶段，也是最重要的一环。在开展渗透测试工作之前，攻击者必须对渗透目标各个维度的信息进行搜集和整理，然后依据搜集到的情报进行渗透方案的制定工作。

渗透测试中的情报搜集技术主要从以下几个维度进行：

（1）从互联网侧搜集：这一个维度主要是收集目标主机的 whois 信息、网站备案信息、真实解析的 IP 地址（有些是使用了 CDN 加速，访问的并不是真实的主机 IP 地址）、操作系统的类型、目标主机开放的服务、敏感目录文件等信息。

（2）从近源侧搜集：这一维度主要是通过近距离接近目标

单位的物理位置地点进行信息搜集。主要搜集的信息有：员工的上班时间、员工工牌的样式、是否有可连接的网络和系统。目标物理位置的垃圾堆中是否含有有价值的信息，如内部系统的 IP 地址、用户账号和密码等敏感信息。

（3）从媒体侧搜集：这一维度主要是通过报纸、期刊、广告（含电视广告、广告招牌信息）、官网、微信公众号等媒体渠道搜集信息。

5. 什么是口令攻击？有多少种口令攻击的方式？

口令是网络信息系统的第一道防线。目前大部分信息系统都是通过口令来验证用户身份、实施访问控制的。口令攻击是指攻击者以口令为攻击目标，破解合法用户的口令，或绕过口令验证过程，然后冒充合法用户潜入目标网络系统，夺取目标系统控制权的过程。

目前实施口令攻击有这么几种攻击方式：（1）社会工程学攻击（social Engineering），通过欺骗、伪造身份等手段，利用人性的弱点，来获取口令的攻击方式；（2）猜测攻击，结合用户的行为习惯、爱好、出生年月日、手机号、喜欢的数字等多个维度来猜测用户可能使用的密码；（3）字典攻击，如果猜测不成功，可以自定义一个规则，自动生成一个密码字典，来对口令进行字典攻击；（4）直接破解系统口令文件，通过利用系统的安全漏洞，获取相关文件，然后对系统的口令文件进行破解；（5）网络嗅探，通过在网络中安装嗅探器，来自动捕获网络中传输的信息系统的用户账户和口令；(6) 木马键盘记录器，通过其他安全漏洞感染目标主机，使其自动安装键盘记录器，当用户敲击键盘登录系统的时候，自动将键盘敲击的信息捕获下来，并自动转发到攻击者手上。

6. 如何对关键信息基础设施进行渗透测试？分为哪几个阶段？

目前国际上遵循的国际标准就是 PTES (Penetration Testing Execution Standard 渗透测试执行标准)，这是目前行业内公认的比较权威的标准。根据这个标准定义，整个渗透测试过程分为 7 个阶段：(1) 前期交互阶段；(2) 情报收集阶段；(3) 威胁建模阶段；(4) 漏洞分析阶段；(5) 渗透攻击阶段；(6) 后渗透攻击阶段；(7) 报告阶段。

在对关键信息基础设施进行渗透测试时，同样可以遵循 PTES 这个渗透测试执行标准，按照 7 个阶段进行。不过与对普通目标系统进行渗透不同的是，在关键信息基础设施中，有相当大的一部分系统是属于工业控制系统，对于这些工控系统进行渗透测试的时候，就要遵循一些限制性的条件，比如：(1) 不允许进行带有破坏性的测试；(2) 测试的力度要调整到可接受范围，如只能进行单线程测试；(3) 测试过程中，系统的建设和维护方的工程师必须在现场进行技术支撑，必须制定好应急方案与回退方案。

7. 什么是攻击溯源？

攻击溯源技术，国外又称为"Threat Hunting"，是为了应对外部 APT 攻击者和内部利益驱动的员工威胁而提出的一种解决方案。美国军方的说法是"Attribution"，中文直译为"归因"，一般指追踪网络攻击源头、溯源攻击者的过程。也有研究将"Traceback"和"Source Tracking"视为与"Attribution"同等意义。网络攻击溯源技术通过综合利用各种手段主动地追踪网络攻击发起者、定位攻击源，结合网络取证和威胁情报，有针对性地减缓或反制网络攻击，争取在造成破坏之前消除隐患，在网络安全领域具有非常重要的现实意义。攻击溯源技术不被动地等待与响应，而是通过持续性监测技术，更早、更快地检测和发现威胁，并追踪威胁的源头。

8. 攻击溯源能解决什么问题？

攻击者在实施网络攻击时，常采用各种技术手段隐藏自己以对抗追踪，如采用虚假 IP 地址、网络跳板、僵尸网络、匿名网络等技术。网络攻击追踪溯源技术能有效应对攻击者的隐藏手段，定位真实的攻击源头以便及时阻断网络攻击。

攻击溯源强调用攻击者的视角来检测攻击，减少攻击者驻留时间，从而显著地改善组织的安全状况。溯源不应局限于传统的基于 IP 地址、物理位置的溯源，欺骗防御的溯源，是要精确到人。真正的溯源应该能区分自动化的机器程序和人的行为，并且能够不被 VPN、代理所蒙蔽，追溯到真实的信息，将同一个人的多种不同来源、多种不同行为关联到一起。

9. 国内外攻击溯源能力现状如何？

当前，国内外的学术界和工业界已经有了很多针对网络攻击溯源技术的研究，同时，ATT&CK 框架、知识图谱等技术也被引入到了攻击溯源的研究中。虽然有各种新技术与模型的引入，自动化的攻击溯源本身却并没有取得实质性的突破，自动化溯源仍然无法有效地完成。其原因一方面是因为网络攻击溯源的入口不容易被发现。目前溯源的重要入口是安全设备产生的告警，如何从海量告警中找到重要的高危告警是安全运维过程中的一大难题；另一方面，即使找到了高危的告警，自动化攻击溯源仍然面临着很多其他的困难。例如，在大规模异构网络、终端、情报数据分析场景中，存在信息依赖爆炸、安全语义模糊等问题，数据采集、数据分析与关联等都面临着多种困难。

以 Cohen D 为代表的研究团队将网络攻击追踪溯源划分为追踪溯源攻击主机、追踪溯源攻击控制主机、追踪溯源攻击者、追踪溯源攻击组织机构四个级别。首先，在追踪溯源第一层上使用 Input Debugging、Itrace、PPM、DPM、SPIE 等网络数据包层面的技术方法；其次，第二层上使用内部监测、日志分析、网络流分析、事件响应分析等技术；再次，在第三层上总结的自然语言文档分析、Email 分析、聊天记录分析、攻击代码分析、键盘信息分析等技术。

另一种具有代表性的研究方法则是根据不同的攻击场景，将网络攻击追踪溯源划分为虚假 IP 追踪、Botnet 追踪、匿名网络追踪、跳板追踪和局域追踪五类问题，并将解决这五类问题的技术方法归纳为 4 种类型：包标记、流水印、日志记录和渗透测试。其中，包标记方法主要包括 Itrace、PPM、DPM 技术，其作为网络数据包层面的追踪溯源方法，难以应对复杂的以 APT 为代表类型的网络攻击。流水印技术不需要修改协议，也适用于加密流量，甚至可以用来追踪溯源一些以匿名网络为跳板的网络攻击，但是流水印技术需要大量匿名网络基础设施的支持，因而不易实施，同时在技术上要保证水印检测的准确率也有一定难度存在。日志记录技术则是一种被动追踪溯源方法，存在所记录的信息有限、可能被攻击者篡改的问题。渗透测试的方法可以为网络攻击的追踪溯源提供关键突破，但是技术难度大并且存在司法可信性方面的疑问。

10. 攻击溯源有哪些关键技术？

攻击溯源的核心为将目标攻击的攻击过程进行还原，以求得到包含攻击源与完整的攻击路径。攻击溯源使用的技术主要包含两个层级，每个层级又各自包含两个方面。两个层级是指网络攻击溯源技术与终端攻击溯源技术。其中，前者以网络 IP 为节点，溯源得到的攻击源与攻击路径均以 IP 为单位；后者以终端系统内部进程、文件等为节点，溯源得到的攻击源与攻击路径以终端内部的进程、文件等为单位。两个方面是指主动溯源技术与被动溯源技术，其中主动溯源技术是指在系统运行过程中标记系统日志、网络流日志等，攻击一旦发生，管理人员能够利用这些信息去跟踪攻击路径并确定攻击源，使用的技术主要包括基于数据包标记的攻击溯源技术、基于日志存储查询的攻击溯源技术、基于威胁情报的主动攻击溯源技术；被动溯源是指在判断攻击发生之后才开始采取措施，使用工具分析终端日志、流量等信息进行溯源，使用的技术主要包括基于链路测试的攻击溯源技术、基于逆向溯源图的威胁行为关联技术等。

11. 攻击溯源对我国关键信息基础设施保护有什么重要的意义？

在信息时代背景下，对关键信息基础设施的保护已经不仅仅局限于物理设备本身的保护，更牵涉到以其为重要载体的信息系统及数据的保护。攻击溯源作为网络安全攻击反制技术的重要手段，能够在关键信息基础设施遭受的网络攻击行为进行系统化分析与追踪溯源，能够帮助取证调查人员对可疑计算机开展诸如恢复数据、获取数据、分析鉴定等调查工作，收集所有可能获取的数据来进行事件重构，以确认犯罪行为实施的时间、地点和方式。通过追溯攻击源、还原攻击路径，还能够及时发现未知威胁行为、威胁设备、威胁组织，为进一步提升关键信息基础设施的抗攻击性提供有力支撑。

八、安全审计技术

1. 什么是安全审计？

安全审计（security audit）是指由专业审计人员根据有关的法律法规、资产所有者的委托和管理当局的授权，对计算机网络环境下的有关活动或行为进行系统的、独立的检查验证，并作出相应评价。它是通过测试公司信息系统对一套确定标准的符合程度来评估其安全性的系统方法。

安全审计主要是指对系统中与安全有关的活动的相关信息进行识别、记录、存储和分析。信息安全审计的记录用于检查网络上发生了哪些与安全有关的活动，谁（哪个用户）对这个活动负责。

在后续的章节中会详细介绍安全审计的技术都有哪些，在关键信息基础设施中使用安全审计技术时，侧重点在哪儿，以及如何进行关键信息基础设施的安全审计工作，以及实际落地的应用。

2. 安全审计技术有哪些？

随着信息技术的发展，网络中的设备也越来越多，不再局限于只有主机、交换机和路由器，防火墙、态势感知设备、IDS/IPS 等安全设备也越来越多，而网络也不再是单一的园区网架构，逐渐演变成具有多个分支的多层级异地网络，针对这些复杂的网络架构，如何对它们进行统一的安全审计也带来了很大的挑战。目前安全审计技术分为以下几种类型：

（1）针对主机的审计技术；

（2）针对网络的审计技术；

（3）针对数据库的审计技术；

（4）针对日常运维的审计技术；

（5）针对日志的审计技术；

（6）针对业务的审计技术；

（7）针对配置的审计技术。

3. 关键信息基础设施网络中安全审计的对象有哪些？

在一个健全完整的关键信息基础设施网络中，它是由很多不同业务功能、不同类型的软硬件设施组成，依据不同的设备类型来划分。关键信息基础设施中安全审计的对象可以划分为以下几种类型：

（1）操作系统安全审计；

（2）数据库安全审计；

（3）网络通信设备安全审计；

（4）应用系统安全审计；

（5）网络安全设备审计；

（6）工控系统安全审计；

（7）移动安全审计。

4. 不同的审计对象，审计的侧重点有哪些不同？

依据以上划分的审计对象，它们在审计的过程中，侧重点是有所不同的。

操作系统的安全审计：它的安全审计范围应该覆盖到该操作系统上的所有用户，审计内容应包括用户的操作行为，系统资源的异常使用和重要系统命令的使用等系统内重要的安全相关事件审计记录应包括事件的日期、时间、类型、主体标识、客体标识和结果等，例如要记录谁、在什么时间、访问什么系统、执行什么操作、什么时间退出系统的。

数据库的安全审计：它的侧重点在于审计合规和非合规的数据访问行为，以便事后追溯。

网络通信设备安全审计：它的侧重点在于对它的网络流量和运行状态进行审计。

应用系统安全审计：对应用系统的日志进行采集、分析和审计，将非法访问行为和异常访问行为进行审计。

网络安全设备审计：网络安全设备包含防火墙、态势感知、IPS/IDS、waf等，主要是对这些设备的日志进行采集、统一分析整体的网络安全状态。

工控系统安全审计：工控安全审计的侧重点是面向工业控制网络，实时监测网络攻击和异常行为。

移动安全审计：主要是对互联网业务所应用的移动终端执行的审计，例如APP客户端审计、移动支付业务审计等都算移动安全审计范畴。

5. 如何进行关键信息基础设施的安全审计工作？

如果要对关键信息基础设施进行全面的安全审计工作，需要从这几方面去开展，从运营者的战略层面、管理制度层面到技术实现层面这几个维度来进行安全审计：

（1）实体访问控制的审计，如 IT 组织与策略的审计；

（2）数据中心和灾备机制的审计；

（3）网络设备的审计；

（4）应用层的审计；

（5）数据库与云存储的审计；

（6）信息系统安全机制的审计。

6. 安全审计技术有哪些应用案例？

按照之前的安全审计技术类型的划分，每种类型都衍生出了一些产品，具体如下：

（1）针对主机的审计技术：这一类的技术应用落地的产品有实现非法接入（外联）控制的准入型产品；有基于主机实现的上网行为审计与管理产品；有针对移动存储介质管理的"U盘审计产品"；有应用于光盘刻录与审计的产品，这项产品在军工领域销售情况很好；有实现"软硬件资产管理"和"软件授权正版化"的检测系统。

（2）针对网络的审计技术：主要分两大类落地的产品：一种是针对网络行为的审计产品，比如对常见的协议（HTTPS、pop3/smtp、ftp/sftp、Telnet 等协议）和网络行为的审计；另一种是针对网络安全方面的审计，落地产品为 NIDS 网络入侵检测和 APT（高级持续性威胁）检测产品。

（3）针对数据库的审计技术：针对数据库这一部分，可落地形成基于数据库操作行为的审计产品；基于数据库漏洞审计的产品，其实就是非授权模式的数据库漏洞扫描产品；基于"授权模式"的数据库配置审计产品；还要基于数据库异常行为的审计产品。

（4）针对日常运维的审计技术：这块的落地应用主要是堡垒机产品，支持常见的协议和常见的运维工具（xshell、SecureCRT、putty、SQL Plus 等），主要功能是进行身份认证、操作授权、行为审计、账号管理和单点登录。

（5）针对日志的审计技术：应用落地的产品主要是基于 syslog、SNMP Trap、OPSec、Agent 和 APM 这些技术的日志采集、分析和审计。

（6）针对业务的审计技术：业务的审计主要是基于网络审计、日志审计、数据库审计来实现，对业务类型和应用类型进行分析审计。

（7）针对配置的审计技术：这块的落地产品主要是针对主机配置的审计、设备配置的核查（如操作系统、应用软件、数据库、网络和安全设备），还有配置变更的检查。

九、态势感知技术

1.什么是态势感知？为什么要对关键信息基础设施开展态势感知？

一般来说态势感知是指通过采集网络流量、资产信息、日志、漏洞信息、用户行为、威胁信息等数据，分析网络行为及用户行为等因素构成的安全状态和变化趋势，获取、理解、回溯、显示能够引起网络态势变化的安全要素，预测网络安全态势发展趋势。

独立分割的安全防护体系已经很难应对如此复杂的安全环境。高级恶意程序已经逐渐成为主流，隐秘通道也已经开始向组织内部逐渐渗透。当前网络环境中部署的各类安全设备主要实现单点检测，检测能力受限，导致安全问题依然频繁发生，当自身网络安全中的各类威胁看不到、看不清、看不及时，需要通过态势感知技术实现复杂的安全环境下网络安全管理。《关键信息基础设施安全保护条例》要求保护工作部门应当建立健全本行业、本领域的关键信息基础设施网络安全监测预警制度，及时掌握本行业、本领域关键信息基础设施运行状况、安全态势，预警通报网络安全威胁和隐患，指导做好安全防范工作。

2. 我国在态势感知方面有哪些规划，目前成果如何？

我国高度重视网络安全态势感知能力建设。在国家层面上，通过制定相关政策方针对网络安全态势感知能力建设和发展制定了战略规划，从而带动了"产学研用"各方面的协同发展。2016 年 4 月 19 日，习近平总书记在网络安全和信息化工作座谈会上提出要"全天候全方位感知网络安全态势"。2016年 11 月发布的《网络安全法》第五章提出将网络安全监测预警与应急处置工作制度化、法制化，为深化网络安全防护体系、实现"全天候全方位感知网络安全态势"提供了法律依据和保障。2016 年 12 月，国务院发布的《"十三五"国家信息化规划》对实现"全天候全方位感知网络安全态势"提出了具体要求。2021 年 7 月 12 日，工信部发布的《网络安全产业高质量发展三年行动计划（2021—2023 年）（征求意见稿）》支持建立态势感知等安全机制推动关键行业基础设施强化网络安全建设。2021 年 9 月 1 日起施行的《关键信息基础设施安全保护条例》要求建立健全监测预警机制，及时掌握运行状况和安全态势，落实通报制度。2021 年 12 月，中央网络安全和信息化委员会印发的《"十四五"国家信息化规划》要求加强网络安全核心技术联合攻关，开展高级威胁防护、态势感知、监测预警等关键技术研究，建立安全可控的网络安全软硬件防护体系。

国内的高校和科研院所很早就开始了态势感知相关理论和基础技术的科学研究工作，并取得了一定的成果，搭建了多个原型系统，发表了大量的学术论文；各监管机构和主管部门积极响应国家政策，从组织、策略、技术、运维等各方面为建设和应用网络安全态势感知提供了保障和支撑；多个省、市、地区、行业以及大型企事业单位进行了网络安全态势感知系统的建设；旺盛的市场需求调动了广大安全厂商的积极性，出现了很多有特色的网络安全态势感知产品。

3. 态势感知技术有哪些特点？

网络安全态势感知是在大规模网络环境中基于对当前网络安全态势评估和已有的历史评估数据，对未来一段时间内的网络安全态势变化趋势进行预测。因此网络安全态势感知是一种基于环境动态地、整体地洞悉安全风险的能力，重点使用安全要素采集、安全数据处理、安全数据分析和分析结果展示等技术。安全要素采集技术是获取与安全紧密关联的海量基础数据，包括流量数据、各类日志、漏洞、木马和病毒样本等；安全数据处理技术是通过对采集到的安全要素数据进行清洗、分类、标准化、关联补齐、添加标签等操作，将标准数据加载到数据存储中；安全数据分析和分析结果展示技术是利用数据挖掘、智能分析等技术，提取系统安全特征和指标，发现网络安全风险，汇总成有价值的情报，并将网络安全风险通过可视化技术直观地展示出来。

4.什么是数据治理？

一般来说数据治理是指从使用零散数据变为使用统一数据、从具有很少或没有组织和流程到关键信息基础设施范围内的综合数据流转、从尝试处理数据混乱状况到数据井井有条的一个过程。数据治理的作用就是确保组织的数据资产得到正确有效的管理，从组织架构、原则、过程和规则等方面确保数据管理的各项职能得到正确的履行。数据治理其实是一个关注数据执行体系的开始，其本质是为关键信息基础设施安全保护的数据分析、数据使用做好基础。根据《信息技术服务治理第5部分：数据治理规范（GB/T 34960.5—2018）》，数据治理被明确定义为"数据资源及其应用过程中相关管控活动、绩效和风险管理的集合。"这项标准还进一步给出了数据治理的目标、任务和框架等。通常，数据治理中的安全实践还是常被置于从属角色，未来在信息化建设中还需要更加系统和深入。

5.什么是数据分析？

数据分析是利用流量识别、协议分析、文件还原等手段，通过特征检测、规则分析、算法分析、行为分析等方法，结合人工智能、深度学习、行为建模、场景构建等技术，采用数据整理分类、对比统计、重点识别、趋势归纳、关联分析、挖掘预测的数据处置策略，从海量数据中自动挖掘出有价值的信息，最大限度地发挥数据的价值。

数据分析的数学基础在20世纪早期就已确立，但直到计算机的出现才使得实际操作成为可能，使得数据分析得以广泛推广，并将数学与计算机科学相结合和高效发挥。数据分析是态势感知能力建设的核心，而分析模型、分析技术的正确使用是网络安全态势感知建设的关键。因此关键信息基础设施数据分析的重点在于数据分析模型的设计，从而实现网络攻击行为、资产风险行为和异常行为的分析，并给出其评价指标和方法。

6. 什么是态势展示？

目前已知的对人类认知最有效的方式就是通过视觉感知。网络安全态势感知整个过程的任意部分几乎都可以进行可视化，这是由于大数据技术的推动。态势展示是通过展示界面展示网络运行状态、网络攻击行为、安全事件、整体安全态势等，并能够持续地、多维度地监测信息资产和相关的威胁、脆弱性、安全事件、安全风险等分类态势指标变化情况，同时展示告警信息。目前各个产品和系统对安全的展示五花八门，让用户看不懂、看不明白，很多时候会忽略重点，因此关键信息基础设施态势展示的重点在于展示的内容要规范、合理，从而让关键信息基础设施安全运营者快速了解网络安全状况。

如何快速、准确、完整、有效地将态势传达给安全决策者是非常具有挑战性的问题。相对于地理空间和物理实体的可视化，态势感知的可视化挑战主要在于对抽象概念要素的处理，即数据信息的可视化。虽然对原始数据或海量数据进行可视化的技术很多，但仍难以解决如何表示态势以及如何呈现当前状态和未来趋势以更好地辅助决策等问题。从时空两个维度进行态势的呈现比单纯地通过地理空间进行展示要难得多。对于任何一种类型的可视化技术，整个过程可见、数据可追溯、可比对分析都是非常重要的。

7. 态势感知技术能解决什么问题？

态势感知技术应用价值是显而易见的，主要用于网络攻击的隐蔽性、多样性、复杂性和危害性，需要借助网络安全态势感知，关键信息基础设施运维人员可以及时了解网络状态、受攻击情况、攻击来源以及哪些服务易受到攻击等情况。在大数据环境下，采集、存储、分析计算、共享使用大数据的网络环境，属于一个庞大的非线性复杂系统，其复制性主要表现在节点数目巨大、节点多样性、连接多样性、信息多样性、网络结构复杂多变、多重复杂性融合，因此大数据环境下网络面临更多的安全风险，更需要态势感知技术。

关键信息基础设施单位可以清楚地掌握所在网络的安全状态和趋势，做好相应的防范准备，减少甚至避免网络中病毒和恶意攻击带来的损失；关键信息基础设施应急响应组织也可以从网络安全态势中了解所服务网络的安全状况和发展趋势，为制定有预见性的应急预案提供基础。

8. 影响态势感知的要素有哪些？

网络安全态势感知的能力建设除需要前端数据源及核心态势感知的支撑外，常见的主要影响要素有复杂网络系统态势感知模型，网络行为要素特征提取，网络安全态势评估方法，对大数据环境下的精准决策，威胁情报的深度融合和使用，对未知威胁的深度分析能力。除此以外，影响态势感知的要素，如人工辅助、应急处置、安全决策、数据共享等内容也需要重点关注和研究。比如，人工辅助需要考虑不同等级、不同能力的人员如何支撑网络安全态势感知的工作；应急处置是明确应对应急事件和安全事件的处置方法、处置流程、处置具体内容；安全决策基于网络安全态势感知系统的输出结果进行研判和决策，包括明确决策的组成要素和决策流程的统一；数据共享是实现网络安全态势感知协同防御的基础，主要实现安全事件及威胁情报等的共享。

十、应急处置技术

1. 什么是应急处置？

组织为了应对突发、重大网络安全事件的发生所做的准备，以及在事件发生后采取的措施。

2. 关键信息基础设施对应急处置有哪些要求？

《关键信息基础设施安全保护条例》要求关键信息基础设

施运营者按照国家及行业网络安全事件应急预案，制定本单位应急预案，定期开展应急演练，处置网络安全事件。关键信息基础设施安全保护工作部门应当按照国家网络安全事件应急预案的要求，建立健全本行业、本领域的网络安全事件应急预案，定期组织应急演练；指导运营者做好网络安全事件应对处置，并根据需要组织提供技术支持与协助。

3. 应急响应事件应该如何分类分级？

根据国标《信息安全技术　信息安全事件分类分级指南 (GB/Z 20986—2007)》，信息安全事件分为有害程序事件、网络攻击事件、信息破坏事件、信息内容安全事件、设备设施故障、灾害性事件和其他信息安全事件等 7 个类型。对信息安全事件的分级主要考虑 3 个要素：信息系统的重要程度、系统损失和社会影响，将信息安全事件划分为 4 个级别：特别重大事件、重大事件、较大事件和一般事件。

4. 应急响应过程分为哪几个阶段？

应急响应过程一般分为 6 个阶段，遵循 PDCERF 模型：Prepare（准备）、Detection（检测）、Containment（遏制）、Eradication（根除）、Recovery（恢复）、Follow-Up（跟踪）。

第一阶段：准备 Prepare——准备好人财物并严阵以待；

第二阶段：检测 Detection——对情况综合分析判断；

第三阶段：遏制 Containment——制止事态的扩大；

第四阶段：根除 Eradication——彻底的补救措施；

第五阶段：恢复 Recovery——系统恢复正常状态；

第六阶段：跟踪总结 Follow-Up——调查取证并编写事件处置报告。

5. 应急响应关键技术有哪些?

应急响应涉及的关键技术有很多，主要涉及的技术包括：

漏洞分析技术：信息安全事件往往伴随着漏洞的出现和利用，因此漏洞分析技术是指通过人工或工具，对分析目标，如二进制文件、Web、网络协议、文件格式、软件和硬件等进行综合分析，查找是否含有违反安全功能要求的弱点。

计算机取证技术：使用相应的技术和工具，按照标准规程全面地检查计算机系统、业务系统、网络系统和相关数据，以提取和保护有关计算机犯罪的相关证据的活动。

数据恢复技术：它通过各种手段把丢失和遭到破坏的数据还原为正常数据。

日志分析技术：对 Web、主机、网络设备、安全设备、应用系统等的日志数据进行分析，从而进行攻击溯源和入侵痕迹分析。

6. 应急响应小组如何组建?

根据应急响应工作的角色划分，一般应急响应小组分为 3

个部分：应急响应领导小组、应急响应实施小组、应急响应专家小组。

应急响应领导小组负责制定工作方案，提供人员、财力、工具的保障，审核批准应急响应策略，审核批准应急响应预案，指导应急响应实施小组的应急处置工作，启动定期评审、修订应急响应预案以及负责对外沟通协作。

应急响应实施小组负责现场应急处置工作，尽快恢复系统正常运行。

应急响应专家小组负责提供专家智库资源，在应急响应过程中提供技术支持和专家意见。

7. 应急响应计划规范应该如何写？

可以参考国标《信息安全技术 信息安全应急响应计划规范（GB/T 24363—2009）》，常见的应急响应计划规范大纲如下：

应急响应计划大纲

1. 总则

1.1 编制目的

1.2 编制依据

1.3 适用范围

1.4 事件分级

1.5 工作原则

2. 角色及职责

2.1 角色的划分及职责

2.2 组织的外部协作

3. 预防和预警机制

3.1 信息监测及报告

3.2 预警

3.3 预防

4. 应急响应流程

4.1 事件通告

4.2 事件分类分级

4.3 应急启动

4.4 应急处置

4.5 后期处置

5. 应急响应保障措施

5.1 人力保障

5.2 物质保障

5.3 技术保障

6. 附则

6.1 XXX 单位应急响应工作机构

6.2 联系人清单表

6.3 安全事件报告表

8. 应急响应事件报告如何写？

可以参考国标《信息安全技术　信息安全应急响应计划规范（GB/T 24363—2009)》，常见的应急响应事件报告如表6：

表6　信息安全事件应急响应结果报告表

原事件报告时间：　年　月　日　时　分	
备案编号：　年　月　日　第　号　总第　号	
单位名称：	联系人：
联系电话：	通讯地址：
信息系统名称及用途：	
已采用的安全措施：	
信息安全事件的补充描述及最后判定的事故原因：	
本次信息安全事件的初步影响状况：	
事件后果：	影响范围：
严重程度：	
本次信息安全事件的主要处理过程及结果：	
针对此类信息安全事件应采取的保障信息系统安全的措施和建议：	
报告人签名：	

9. 网络安全事件应急演练如何做？

网络安全事件应急演练是有关政府部门、企事业单位、社会团体组织相关人员，针对设定的突发事件模拟情景，按照应急预案所规定的职责和程序，在特定的时间和地域，开展应急处置的活动。按照应急演练的组织形式，分为桌面推演、模拟演练、实操演练；按照应急演练的内容，分为专项演练、综合演练；按照应急演练的目的和作用，分为检验性演练、示范性演练、研究性演练。其中，不同维度的演练相互组合，可以形成专项桌面推演、综合性桌面推演、专项实操演练、综合性实操演练、专项示范演练、综合性示范演练等常用演练形式。

10. 有哪些应急响应预案可以参考？

中央网络安全和信息化领导小组办公室 2017 年 1 月 10 日发布了《国家网络安全事件应急预案》，该预案目的在于建立健全国家网络安全事件应急工作机制，提高应对网络安全事件能力，预防和减少网络安全事件造成的损失和危害，保护公众利益，维护国家安全、公共安全和社会秩序。此外，可以参考国标《信息安全技术　信息安全应急响应计划规范（GB/T 24363—2009)》，该标准中也有应急响应预案的参考范本。

十一、安全监测技术

1. 什么是网络安全监测？为什么要对关键信息基础设施开展监测预警？

网络安全监测（network security monitoring）是 2018 年全国科学技术名词审定委员会公布的计算机科学技术名词。一般来说，网络安全监测是指通过实时分析网上数据流来监测非法入侵活动，并根据监测结果实时报警、响应，达到主动发现入侵活动、确保网络安全目的。网络安全监测的关键要素是对网络和安全设备日志、系统运行数据等信息进行实时采集，以关联分析等方式对监测对象进行风险识别、威胁发现、安全事件实时告警及可视化展示。

为落实《网络安全法》关于保护关键信息基础设施运行安全的要求，在国家网络安全等级保护制度基础上，充分借鉴我国相关部门在重要领域和重大活动安全保卫开展监测预警重点工作的成熟经验，充分吸纳国外在关键信息基础设施安全保护方面的举措，结合我国现有信息安全保障体系等成果，按照实战化、体系化和常态化要求，提出关键信息基础设施安全监测预警要求，采取一切必要措施对关键信息基础设施监测预警，切实加强关键信息基础设施安全保护。

2. 关键信息基础设施安全保护对网络安全监测有什么要求？

关键信息基础设施要全面加强网络安全监测，通过开展实时监测，发现网络攻击和安全威胁，立即报告运营者、安全服务机构和有关部门并采取有效措施处置。加强网络新技术研究和应用，研究绘制网络空间地理信息图谱（网络地图），实现挂图作战。保护工作部门、网络运营要建设本行业、本单位的网络安全保护业务平台，建设平台智慧大脑，依托平台和大数据开展实时监测、通报预警、应急处置、安全防护、指挥调度等工作，并与公安机关有关安全保卫平台对接，形成条块结合、纵横联通、协同联动的综合防控大格局。重点行业、网络运营者和公安机关要建设网络安全监控指挥中心，落实 7×24 小时值班值守制度，建立常态化、实战化的网络安全机制。

3. 需要监测哪些内容，怎么分类？

按照监测目标的不同，网络安全监测分为以下 4 类：

第一类是信息安全事件监测：对可能或正在损害监测对象正常运行或产生信息安全损失的事件，按照信息安全事件分类、分级要求，进行分析和识别。

第二类是运行状态监测：对监测对象的运行状态进行实时监测，包括网络流量、各类设备和系统的可用性状态信息等，从运行状态方面判断监测对象信息安全事态。

第三类是威胁监测：对监测对象的安全威胁进行评估分析，发现资产所面临的信息安全风险。

第四类是策略与配置监测：按照监测对象既定的安全策略与相关设备或系统的配置信息进行核查分析，并评估其安全性。

4. 我国网络安全事件怎么分类？

网络安全事件是指由于人为原因、软硬件缺陷或故障、自然灾害等，对网络和信息系统或者其中的数据造成危害，对社会造成负面影响的事件，可分为有害程序事件、网络攻击事件、信息破坏事件、信息内容安全事件、设备设施故障、灾害性事件和其他事件 7 个基本分类，每个基本分类分别包括若干个子类。

（1）有害程序事件是指蓄意制造、传播有害程序，或是因受到有害程序的影响而导致的信息安全事件，包括计算机病毒事件、蠕虫事件、特洛伊木马事件、僵尸网络事件、混合攻击程序事件、网页内嵌恶意代码事件和其他有害程序事件等 7 个子类。

（2）网络攻击事件是指通过网络或其他技术手段，利用信息系统的配置缺陷、协议缺陷、程序缺陷或使用暴力攻击对信息系统实施攻击，并造成信息系统异常或对信息系统当前运行造成潜在危害的信息安全事件，包括拒绝服务攻击事件、后门攻击事件、漏洞攻击事件、网络扫描窃听事件、网络钓鱼事件、干扰事件和其他网络攻击事件等 7 个子类。

（3）信息破坏事件是指通过网络或其他技术手段，造成信息系统中的信息被篡改、假冒、泄漏、窃取等而导致的信息安全事件，包括信息篡改事件、信息假冒事件、信息泄漏事件、信息窃取事件、信息丢失事件和其他信息破坏事件等 6 个子类。

（4）信息内容安全事件是指利用信息网络发布、传播危害国家安全、社会稳定和公共利益的内容的安全事件，包括违反宪法和法律、行政法规的信息安全事件；针对社会事项进行讨论、评论，形成网上敏感的舆论热点，出现一定规模炒作的信息安全事件；组织串连、煽动集会游行的信息安全事件；其他信息内容安全事件等 4 个子类。

（5）设备设施故障是指由于信息系统自身故障或外围保障设施故障而导致的信息安全事件，以及人为地使用非技术手段有意或无意地造成信息系统破坏而导致的信息安全事件，包括软硬件自身故障、外围保障设施故障、人为破坏事故和其他设备设施故障等 4 个子类。

（6）灾害性事件是指由于不可抗力对信息系统造成物理破坏而导致的信息安全事件，包括水灾、台风、地震、雷击、坍塌、火灾、恐怖袭击、战争等导致的信息安全事件。

（7）其他事件类别是指不能归为以上 6 个基本分类的信息安全事件。

5. 我国网络安全事件怎么分级？

我国网络安全事件分为 4 级：特别重大网络安全事件、重大网络安全事件、较大网络安全事件、一般网络安全事件。

（1）符合下列情形之一的，为特别重大网络安全事件：

① 重要网络和信息系统遭受特别严重的系统损失，造成系统大面积瘫痪，丧失业务处理能力；

② 国家秘密信息、重要敏感信息和关键数据丢失或被窃取、篡改、假冒，对国家安全和社会稳定构成特别严重威胁；

③ 其他对国家安全、社会秩序、经济建设和公众利益构成特别严重威胁、造成特别严重影响的网络安全事件。

（2）符合下列情形之一且未达到特别重大网络安全事件

的，为重大网络安全事件：

① 重要网络和信息系统遭受严重的系统损失，造成系统长时间中断或局部瘫痪，业务处理能力受到极大影响；

② 国家秘密信息、重要敏感信息和关键数据丢失或被窃取、篡改、假冒，对国家安全和社会稳定构成严重威胁；

③ 其他对国家安全、社会秩序、经济建设和公众利益构成严重威胁、造成严重影响的网络安全事件。

（3）符合下列情形之一且未达到重大网络安全事件的，为较大网络安全事件：

① 重要网络和信息系统遭受较大的系统损失，造成系统中断，明显影响系统效率，业务处理能力受到影响；

② 国家秘密信息、重要敏感信息和关键数据丢失或被窃取、篡改、假冒，对国家安全和社会稳定构成较严重威胁；

③ 其他对国家安全、社会秩序、经济建设和公众利益构成较严重威胁、造成较严重影响的网络安全事件。

（4）除上述情形外，对国家安全、社会秩序、经济建设和公众利益构成一定威胁、造成一定影响的网络安全事件，为一般网络安全事件。

6. 我国网络安全事件预警等级怎么划分？

我国网络安全事件预警等级分为 4 级，由高到低依次用红色、橙色、黄色和蓝色表示，分别对应发生或可能发生特别重大、重大、较大和一般网络安全事件。

7. 我国网络安全事件预警怎么响应？

我国网络安全事件预警响应需根据不同等级进行不同响应，具体如下：

（1）红色预警响应

① 应急办组织预警响应工作，联系专家和有关机构，组织对事态发展情况进行跟踪研判，研究制定防范措施和应急工作方案，协调组织资源调度和部门联动的各项准备工作。

② 有关省（区、市）、部门网络安全事件应急指挥机构实行 24 小时值班，相关人员保持通信联络畅通。加强网络安全事件监测和事态发展信息搜集工作，组织指导应急支撑队伍、相关运行单位开展应急处置或准备、风险评估和控制工作，重要情况报应急办。

③ 国家网络安全应急技术支撑队伍进入待命状态，针对预警信息研究制定应对方案，检查应急车辆、设备、软件工具等，确保处于良好状态。

（2）橙色预警响应

① 有关省（区、市）、部门网络安全事件应急指挥机构启动相应应急预案，组织开展预警响应工作，做好风险评估、应急准备和风险控制工作。

② 有关省（区、市）、部门及时将事态发展情况报应急办。应急办密切关注事态发展，有关重大事项及时通报相关省（区、市）和部门。

③ 国家网络安全应急技术支撑队伍保持联络畅通，检查

应急车辆、设备、软件工具等，确保处于良好状态。

（3）黄色、蓝色预警响应

有关地区、部门网络安全事件应急指挥机构启动相应应急预案，指导组织开展预警响应。

十二、灾备恢复技术

1. 什么是灾备恢复技术？为什么要为关键信息基础设施建设灾备？

"灾备技术"是数据安全技术的基本组成部分。

字面意义上的"灾备"是容灾与备份的缩写，指的是数据基础设施在自然灾害、电力等设施失效、设备自身失效、人为破坏、勒索病毒、网络攻击等影响下的数据恢复能力和业务系统的连续性。"容灾"，即保障业务系统在灾难条件下的连续性；"备份"，即保障数据在灾难条件下的可用性，是在数据遭到破坏的情况下，快速恢复的前提条件。建设"数据灾备"系统，从而支持关键数据不泄露，不被篡改，保障关键数据不丢失，业务永远在线，以及访问永远合规，可以简称为"三不两永远"。

数据安全是国家安全不可或缺的组成部分，是数据安全技术聚焦于数据的采集、存储、计算、管理、应用、销毁全生命周期的机密性、完整性、可用性的保护。灾备技术主要体现在对可用性的保护。随着我国的数字产业化和产业数字化进程，数据安全保障能力已经成为新时代信息化国家综合国力、经济竞争实力和军事实力的重要组成部分。为此，国家高度重视，并对数据安全的体系、模式和战略进行了大量的研究和探索，其中就包含对信息基础设施灾备技术的要求。

2. 关键信息基础设施所需要的灾备技术应遵循哪些规定与标准？

关键信息基础设施保护相关规定与标准是一个系列化的工程，正在稳步开展制订的过程中。在已经成型的标准里边，对灾备的执行依据和评价指标有相对明确要求的主要有两个：

《信息安全技术 关键信息基础设施安全保障指标体系（报批稿）》的 5.13 章节规定：灾难备份指标 GB/T 31495.2—2015 中的 5.16 "灾备备份指标（ZB16）" 适用，并相应地进一步表述如下：灾难备份指标主要评价关键信息基础设施是否按照《信息安全技术 信息系统灾难恢复规范（GB/T 20988—2007）》中附录 A 的有关要求开展灾难恢复能力等级建设，是否按要求开展灾难备份与灾难恢复演练工作。

《信息安全技术 关键信息基础设施安全控制措施（送审稿）》的 6.6.4.2 章节拟规定：灾备中心选址和建设。关键信息基础设施运营者应：

（1）按照《信息安全技术 信息系统灾难恢复规范（GB/T 20988—2007）》，选择灾难备份中心，避免灾难备份中心与主中心同时遭受同类风险，包括同城和异地两种类型，以规避不同影响范围的灾难风险；

（2）建设灾难备份中心，计算机机房应符合有关国家标准的要求，工作辅助设施和生活设施应符合灾难恢复目标的要求；

（3）确保为灾难备份中心提供与主场所同等的网络安全措施；

（4）确保灾难备份中心位于中国境内；

（5）控制灾难备份中心位置信息的知悉范围。

除此之外，专门发布过灾备/备份行业标准的监管行业还有烟草、电力、证券、通信，这些行业的关键信息基础设施保护标准将来也很可能会引用参考本行业的灾备标准。包括：《烟草行业信息系统容灾备份建设指南（YC/Z 583—2019）》《电力行业数据灾备系统存储监控技术规范（DL/T 1597—2016）》《证券期货经营机构信息系统备份能力标准（JR/T 0059—2010）》《云计算技术金融应用规范容灾（JR/T 0168—2020）》《基于存储复制技术的数据灾备技术要求（YD/T 2916—2015）》。

3. 全球主流的灾备技术、灾备系统架构有哪些？

灾备行业有很多的专业灾备知识及技术，大体可以分为容灾、备份和归档三类，通常几种技术会结合使用。

容灾：从广义上讲，任何提高系统可用性的措施都可称之为容灾。容灾，即灾难发生时，在保证生产系统数据尽量少丢失的情况下，保持生产系统业务的不间断运行。在数据中心

IT 基础设施的角度来讲，可以根据不同级别的业务与数据的适用场景划分为：本地高可用方案、同城双活数据中心方案、主备容灾方案和多 DC 方案，4 种类型。

备份：用于保障数据的可恢复性，其实现方式是以一定的规则——如定期将重要数据复制到其他存储位置，并可以恢复到过去的某个特定的时间点，以此来抵御误操作、硬件故障、病毒等一系列威胁。备份的类型有：全量备份、增量备份、差量备份。而从数据中心 IT 基础设施的角度来讲，可以划分为一体机备份——即将备份软件、备份服务器以及存储介质整合到一个架构中而形成的一个设备，最终用户可以像操作备份软件一样来操作这个设备，还有专用备份存储方案——即备份软件与备份介质分离的架构。

归档：主要场景是冷数据长期保存，以满足法规遵从的要求。常见的归档可分为归档到文件存储、归档到 S3 或者归档到磁带。数据类型包括金融业中的票据影像、电子保单，医疗行业中的电子医疗影像、电子档案卷宗、基因测序数据、地质勘探数据等，均需要 10 年甚至 30 年以上留存。随着传统冷数据归档技术的演进，过去动辄 1—2 个工作日的访问时间，有些也加快至分钟级。

4. 我国的灾备技术有哪些特点？

值得重视的是，我国目前灾备技术供应体系存在风险，从解决方案、产品器件甚至软件都受到美、日企业控制。国内数据保护产品发展较晚，普遍缺少核心技术且品质一般，兼容性等指标并不能充分满足生产系统灾备的要求。随着数据的快速增长、数据类型与环境的日趋复杂以及云时代的到来，数据保护产品的未来将迎来巨大的发展，但也将会有一定的挑战。

最关键的元器件自然是存储介质，我国目前不具备机械硬盘（HDD）、磁带等器件的国产化能力。作为后起之秀的半导体介质由于其良好的读写性能、超低的能耗水平，虽然目前成本昂贵，但随着时间的推移，将来有望成为灾备领域的首选。国内产业厂商已经掌握了 NVMe 接口 SSD 控制器和颗粒（NAND）的设计和制造技术，虽然工艺水平和世界领先厂家还有一些差距，短期仍存一些制造设备和材料风险，但长期有望达到业界先进水平。一些数据存储专用器件的供应能力也不容忽视，包括存储芯片、部分关键的 IO 芯片、内存、网络芯片等。

经过不断的技术积累，国产厂家在灾备部分领域取得世界领先的基础技术突破。

（1）容灾技术和方案：国内某厂商实现了业界领先的免网关存储双活技术（包含 SAN 和 NAS 双活），两端存储可同时提供业务访问能力，在存储单机故障下业务不中断，系统自动切换并自愈。还支持通过复制技术应用，将方案扩展到两地三中心，实现更高等级灾备，两地三中心解决方案支持环形架构、串并联方式，当单个数据中心故障，另外两个站点仍可以进行正常的数据同步。

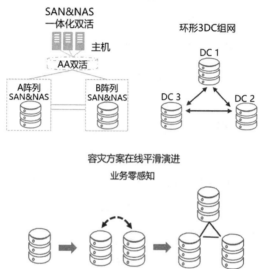

图6 部分我国企业的灾备技术已经达到世界领先地位

（2）备份高重删技术：备份数据由多个相似的副本组成，且需要较长时间保留，需要设计合理的灾备系统投入产出比，最为关键的就是算法，算法的本质是数学，国内某厂商通过集合全球顶级数学家的智慧，将数据的缩减做到极致。2020年该厂商还和莫斯科国立大学合办全球数据压缩大赛，吸引最新的数据缩减算法应用到了备份产品中。产学研的有效结合，让数据缩减算法不断创新，比如基于数据的特性进行关联压缩，基于特征训练的词频预测算法，多层切片自适应重删，让该国产厂商的数据缩减能力持续领先业界，已经取得多项关键技术专利，能力超过业界标杆水平达20%。

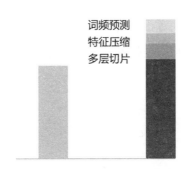

图7 我国企业备份领域变长重删技术缩减率超越业界最佳水平 20%

（3）快照技术：快照技术是众多数据备份技术中的一种，其原理与日常生活中的拍照类似，通过拍照可以快速记录下拍照时间点被拍照对象的状态。由于可以瞬间生成快照，通过快照技术，系统管理员能够实现数据的零窗口备份，从而满足企业对业务连续性和数据可靠性的要求。并且占用空间少，快照能够快速生成源卷在某个时间点的一致性副本，通过周期性地创建快照，还可以使得数据得到持续的保护。当源的数据遭到人为意外删除、破坏或病毒入侵时，通过快照回滚可以快速将源的数据恢复到快照激活时间点的数据，减少源数据的丢失量。快照是一种非常好的防数据破坏技术，国内企业已经充分掌握这项技术。目前快照技术多用于存储整机产品，预计在数据保护产品中很快也会有广泛的应用。

（4）勒索病毒软件特征检测与恢复技术：勒索病毒攻击带来的数据丢失是近年来上升最快的数据安全风险。针对已经被勒索软件感染的数据（例如备份之前已经感染病毒），通过基于勒索软件特征的分析和检测技术，可有效识别灾备数据中的不安全数据，以便进行数据的安全恢复。我国数据保护相关企业在勒索病毒特征检测技术已经接近世界先进水平，近年有望实现赶超。

5. 哪些主流灾备技术、灾备系统架构适用于关键信息基础设施？

如前面章节所述，不同行业中的关键信息基础设施都有较高技术要求。

以金融最关键的核心应用，也即 A+ 类业务为例，此类业务应具有最高级别的业务连续性、数据安全性和灾难承受能力。同时，核心应用系统应具有良好的访问时延，能够在承载高并发 IO 的情况下及时响应。以此为金融类关键信息基础设施的最高要求，则建议采用本地高可用双活组承载在线业务访问，跨数据中心采用存储同步复制进行异地灾备保护；为了保证核心应用系统的高性能，可以采用全闪存存储，根据业务情况配置最优性能，配置阵列双活和同步复制功能。

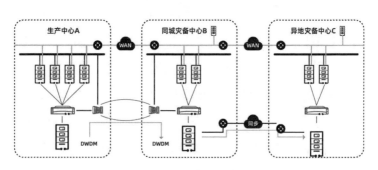

图 8　两地三中心示意图

电信运营商也是灾备要求较高，建设较完善的领域。2020年工信部发布的《电信运营商大数据安全风险及需求（YD/T 3736—2020）》提出，在数据存储安全，应提供完备的数据备份和恢复机制来保障数据的可用性和完整性。一旦发生数据丢失或破坏，可以利用备份来恢复数据，从而保证在故障发生后数据不丢失；容灾备份方面，大数据平台应当具备容灾备份与灾难恢复能力，为关键数据、关键应用建立异地备份。

依据北京灾备技术产业联盟撰写的《数据中心容灾备份能力建设评价规范》，最高6级的标准，保障数据零丢失和业务不中断。以此为标准，灾备技术选择可能有：已有符合灾备要求的灾备数据中心，宜采用多中心部署；灾备数据中心的选址符合《数据中心设计规范（GB50174—2017）》的要求，数据中心按照B级或A级建造，有备用电源支持；同城的灾备中心与生产中心不在同一个变电站的范围，直线距离大于10KM；如是异地灾备中心距离不小于200KM；至少有两个运营商的线路接入；有符合灾备网络架构和设备，处于互为备份双活运行状态；有关键业务系统的设备和环境，双活或多活运行；采用同步或异步的技术通过网络将数据实时传送到灾备中心的存储设备中；有灾备管理制度和应急预案，定期开展应急演练；有满足灾备中心运行技术和相关人员，7×24小时支持；RPO＝0，RTO为数分钟至数小时。

当然不同的业务并不是定级越高越好，而是应该按照规范定级，并采取适合的灾备技术保障措施。在下一部分会进行描述。

6. 从业务视角出发，灾备恢复应该如何规划?

业务系统采取灾备技术保护，可以参考《信息安全技术
网络安全等级保护定级指南（GB/T 22240—2020)》中对等级
保护对象定级方式，对信息系统风险等级定为 6 级，分别是 1
级、2 级、3 级、4 级、5 级和 6 级，风险等级的数字越大危害
程度越高。符合这些判定依据的业务系统，就应该采取灾备技
术保护措施。

表7　灾备风险等级的判定依据

风险等级	判定依据
1 级	信息系统受到破坏后，会对相关公民、法人和其他组织的合法权益没有任何损害
2 级	信息系统受到破坏后，会对相关公民、法人和其他组织的合法权益造成一般损害，但不危害国家安全、社会秩序和公共利益
3 级	信息系统受到破坏后，会对相关公民、法人和其他组织的合法权益造成严重损害或特别严重损害，或者对社会秩序和公共利益造成危害，但不危害国家安全
4 级	信息系统受到破坏后，会对社会秩序和公共利益造成严重危害，或者对国家安全造成危害
5 级	信息系统受到破坏后，会对社会秩序和公共利益造成特别严重危害，或者对国家安全造成严重危害
6 级	信息系统受到破坏后，会对国家安全造成特别严重危害

最新的指标应以全国信息安全标准化委员会发布为准，

可以参考的恢复能力如下：

表 8　不同灾难恢复等级的业务系统对应的指标

业务系统	技术恢复时间目标	恢复点目标
6 级	RTO≤5 分钟	RPO≈0
5 级	RTO≤2 小时	RPO≤5 分钟
4 级	RTO≤12 小时	RPO≤1 小时
3 级	RTO≤1 天	RPO≤1 天
2 级	RTO≤3 天	RPO≤3 天
1 级	RTO≤7 天	RPO＞7 天

　　根据上文介绍，不同行业都有具体的政策与标准，下文举例说明了各个行业业务定级的参考。具体实践应以最新的政策与标准为准。

表 9　金融行业业务系统灾备等级建议

业务系统	等级
核心系统、公司业务、个人业务	6 级
网点渠道、电子渠道、自助渠道	5 级
外部监管、安全管理、客户关系	4 级
财务绩效、数据服务、增值应用	3 级
业务操作流程、企业资源、内容管理	2 级
操作风险管理、员工积分	1 级

表 10 电信行业业务系统灾备等级建议

业务系统	等级
涉及运营商 B 域综合账务开通、帐管，CRM 客服系统\网上营业厅停复机、套餐变更、业务变更、密码校验等业务 营业厅前台：开户、充值、缴费、停复机、补换卡、套餐变更、业务变更等业务	6级
涉及运营商服务开通：订单接收、订单变更、工单生成、工单派发、开通流程管理、开通处理 服务保障：故障申告单接收、故障处理。施工管理：施工调度管理 认证门户：集中认证、单点登录、金库管理 ERP 系统	5级
资产管理系统、话务网管资源管理、地址信息管理、数据一致性管理、集中故障管理平台	4级
短信营业厅积分查询、查询 GPRS 流量、用户订购信息查询、PUK 码查询、亲情组合及查询、短信营业厅套餐变更、用户资料查询、余额查询、账单查询	3级
网优网规	2级
上网日志数据、IDC 日志数据	1级

表 11 数字政府业务系统灾备等级建议

单位	业务系统	等级
人力资源与社会保障部	业务经办系统、公共服务系统、生产库、基础库、资源库	6级
	监测监管、决策支持	5级
	数据交换库	4级
	其他边缘支撑系统	3级
	不涉及	2级
	不涉及	1级

续表

单位	业务系统	等级
财政	预算管理一体化系统	6级
	财政资金监管和监督检查系统、税政管理系统、债务及融资管理系统、决算和财务报告系统	5级
	统计分析系统 报表系统 政府采购管理系统 综合管理系统	4级
	其他边缘支撑系统	3级
	不涉及	2级
	不涉及	1级
税务	税务核心征管系统、纳税服务系统、税务社保费征管系统、税务发票系统、个税系统、电子税务局	6级
	决策分析系统、办税大厅/OA办公	5级
	外部信息交换系统	4级
	其他边缘支撑系统	3级
	不涉及	2级
	不涉及	1级
审计	审计综合作业平台、审计大数据中心、审计数字化指挥平台	6级
	门户网站	5级
	审计模拟仿真实验室、审计知识管理、综合服务支撑系统、电子文件档案管理	4级
	其他边缘支撑系统	3级
	不涉及	2级
	不涉及	1级

表 12　教育行业业务系统灾备等级建议

业务系统	等级
一卡通系统、财务系统	6 级
教学在线直播、招生录取管理、网络教学及考试、统一身份认证系统、门户网站、	5 级
一网通办、公文及办公、教务管理、教学管理	4 级
电子邮件管理、数字图书馆	3 级
科研管理、学生就业系统、教学资源管理、后勤管理、融媒体中心	2 级
媒资库、科研情报、论坛及社区网站、教学改革管理、学科专业管理、教学质量评估、党务管理、档案管理、学生体质健康数据管理、学生教育工作管理、资产管理、高性能计算环境、实验室教学系统、国际交流、校园大数据应用	1 级

表 13　制造业业务系统灾备等级建议

业务系统	等级
经营管理系统、生产管理系统	6 级
供销系统	5 级
产品研发系统	4 级
办公支撑系统	3 级
创新业务系统	2 级
门户网站系统	1 级

表 14　能源行业业务系统灾备等级建议

业务系统	等级
油气经营管理系统、油气生产管理系统、电力生产管理系统、电力调度控制系统、电力配电系统	6 级

业务系统	等级
电力经营管理系统、油气过程控制系统	5 级
电力营销系统、油气数据采集与监事控制系统	4 级
电网巡检系统、地震数据处理与解释系统	3 级
办公支撑系统	2 级
门户网站系统	1 级

表 15 交通行业业务系统灾备等级建议

业务系统	等级
清分系统（ACC）、自动售检票（AFC）、航班管理系统、铁路客票系统、铁路运行控制管理系统、收费系统等	6 级
综合监控、旅客信息等	5 级
门禁系统、安全保卫综合管理等安防类应用系统	4 级
办公支撑类系统、交通创新类系统	3 级
测试类系统	2 级
不涉及	1 级

表 16 医疗行业业务系统灾备等级建议

业务系统	等级
涉及医疗与经营活动的核心 HIS 系统、电子病历 EMR 系统、医疗影像 PACS、检验 LIS 系统、医保收费系统、在线医疗系统等	6 级
医疗活动辅助管理系统，如合理用药、抗生素管理、医保审核等系统	5 级
医院 HRP 系统，包括 OA 系统、财务系统、后勤管理系统等	4 级

业务系统	等级
部分专业类辅助软件系统等、科研管理系统等	3 级
部分专业管理系统	2 级
不涉及	1 级

7. 多种不同等级的灾备应该如何进行综合评估？

对应等级的业务应该采用相应的保护措施，灾备技术国家工程实验室与北京信息灾备技术产业联盟 2021 年发布的《2021 中国数据安全与灾备技术产业白皮书》评测规范中，有对灾备技术完备度进行量化的全套方法介绍。

一级：基本级。只有符合灾备要求的完整数据级的离线备份，定期（日或周）通过交通工具将离线备份数据运送到数据中心以外的地点存放，存放的环境只是有数据介质存放房间和必要的温湿度保障；有相关的数据保管和使用的制度，定期检查数据有效性。RPO 为两次备份的间隔时间，RTO 时间不可控。

二级：简单备份场地支持。已有符合要求的数据存储场地和满足部分信息系统和关键业务系统环境的机房（机房可以是《数据中心设计规范（GB50174—2017）》的 C 级建造）；配备部分灾备业务需要的设施和设备，或灾难发生后在预定时间调配所需要的信息系统设备安装场地；配备部分网络系统或灾难发生后在预定时间调配所需要的网络设备安装场地；每日或每周通过交通工具或通过网络将离线备份数据传送到备用地点存放有相关的数据保管和使用的制度，定期检查数据有效性。RPO 为两次备份的间隔时间，RTO 时间不可控。

三级：网络传输 + 部分设备支持。已有符合要求的数据存储场地和满足部分信息系统和关键业务系统环境的机房（机房可以是《数据中心设计规范（GB50174—2017)》的 C 级或 B 级建造）；配备部分灾备业务需要的设施和设备，配备部分网络系统设备；每日可多次通过网络将备份数据传送到备用地点存放；有相关的数据保管和使用的制度，定期检查数据有效性。RPO 为两次备份的间隔时间，RTO 时间不可控。

四级：网络传输 + 完整设备支持。已有符合灾备要求的灾备数据中心，灾备数据中心的选址符合《数据中心设计规范（GB50174—2017)》的要求，数据中心按照 B 级建造，有备用电源支持；同城的灾备中心与生产中心不在同一个变电站的范围，距离大于 10KM；如是异地灾备中心距离不小于 200KM；至少有两个运营商的线路接入；有符合灾备网络架构和设备，处于正常的运行状态；有关键业务系统的设备和环境；每天多次通过网络将数据定时传送到灾备中心的存储设备中，定期检查和验证；有灾备管理制度和应急预案，定期开展应急演练；有基本维持灾备中心运行技术和相关人员。RPO 为两次备份的间隔时间，RTO 为数小时至 1 天。

五级：网络传输 + 完整系统支持。已有符合灾备要求的灾备数据中心，灾备数据中心的选址符合《数据中心设计规范

（GB50174—2017）》的要求，数据中心按照 B 级或 A 级建造，有备用电源支持；同城的灾备中心与生产中心不在同一个变电站的范围，直线距离大于 10KM；如是异地灾备中心距离不小于 200KM；至少有两个运营商的线路接入；有符合灾备网络架构和设备，处于正常的运行状态；有关键业务系统的设备和环境；采用同步或异步的技术通过网络将数据实时传送到灾备中心的存储设备中，定期检查和验证；有灾备管理制度和应急预案，定期开展应急演练；有满足维持灾备中心运行技术和相关人员，7×24 小时支持；0＜RPO＜30 分钟，RTO 为数小时至 1 天。

六级：数据零丢失＋业务不中断。已有符合灾备要求的灾备数据中心，宜多中心；灾备数据中心的选址符合 GB50174 的要求，数据中心按照 B 级或 A 级建造，有备用电源支持；同城的灾备中心与生产中心不在同一个变电站的范围，直线距离大于 10KM；如是异地灾备中心距离不小于 200KM；至少有两个运营商的线路接入；有符合灾备网络架构和设备，处于互为备份双活运行状态；有关键业务系统的设备和环境，双活或多活运行；采用同步或异步的技术通过网络将数据实时传送到灾备中心的存储设备中；有灾备管理制度和应急预案，定期开展应急演练；有满足灾备中心运行技术和相关人员，7×24 小时支持；RPO＝0，RTO 为数分钟至数小时。

根据责任单位的具体情况，如果无法满足所管理业务数据的异地备份与容灾的要求，则有必要以规划新建、租用或托管的方式来引入独立的灾备数据中心。

数据中心灾备能力检测流程分为 4 个步骤执行：

（1）业务系统识别：对待测数据中心内的业务系统进行梳理，识别数据中心中所有的业务系统的分类，审核分类的合理性。

（2）灾备等级映射：依据附录 A 中的建设建议进行灾备等级映射，审核每一个业务系统指定一个合适的灾备等级。

（3）业务系统灾备能力测评：检查每一个业务系统的灾备建设是否符合要求。

（4）数据中心灾备能力测评：对检查的所有业务系统灾备能力的得分进行加权平均，获得最终的数据中心灾备能力得分。

数据中心灾备能力计算公式如下：

$$R = \frac{\sum_{i=A}^{N} S_i \times P_i}{\sum_{j=A}^{N} P_j}$$

其中 R 为数据中心的最终加权平均得分，满分为 100 分。S_i为数据中心业务系统 i 在测试步骤（3）中的得分，P_i为每一个业务 i 对应的灾备等级加权参数。

评估方法可以有动态方法，即对评估对象按照预定的方法 / 工具使其产生特定的响应等活动，查看、分析响应输出结果，获取证据以证明数据中心容灾备份措施是否得以有效实施；也可以有静态方法，即检查是指测评人员通过对评估对象进行观察、查验、分析等活动，获取证据以证明数据中心容灾备份措施是否得以有效实施。

8.关键信息基础设施责任单位的灾备管理组织机构应该如何设立？

关键信息基础设施责任单位应设立灾难恢复组织机构，应有决策、管理和执行层，明确责任，各负其责。

决策层主要由单位高层管理者组成，决策信息系统灾难恢复的重大事宜；管理层主要由单位的业务、技术、后勤等相关部门负责人组成，在决策层领导下开展工作，负责管理和协调信息系统灾难预防和恢复工作；执行层主要由单位的业务、技术、后勤等相关部门工作人员和外部机构人员组成，在管理层的领导下，负责灾难恢复的具体实施工作。

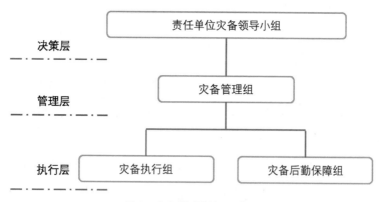

图9　灾备管理组织示意图

灾备组织机构应包含灾难恢复规划建设、运行维护、应急响应和灾难恢复等各阶段工作所需的人员，有关人员可为专职，也可为兼职，关键岗位的人员应有备份。

可根据责任单位组织架构和信息系统的架构，在总／分支机构设立不同级别的灾难恢复组织机构，设立多级灾难恢复组织机构。

9. 如何建设应急响应与灾难恢复的工作流程？如何组织灾备预案的制定、演练与管理？

（1）如何建立应急响应与灾备的工作流程

建立灾备专门机构，分析灾难备份需求、制定灾难备份方案、实施灾难备份方案、制定灾难恢复计划、保持灾难恢复计划的持续可用。

（2）如何组织灾备预案的制定

在风险分析的基础上进行业务影响和业务连续性分析，确定业务系统灾备的范围、等级和灾备环境。编制相应的灾难应急预案，灾备预案至少应包含：灾难场景定义、目标和范围；应急管理组织机构；应急恢复决策及授权，包括应急恢复条件、权限、处置策略以及强制决策点等；应急响应工作规程，包括紧急事件初始响应、损害评估、指挥中心成立和人员召集、灾难预警、灾难宣告、启动灾难切换流程等；应急管理工作中使用的各项文档，包括通讯录、工作文档、应急工具等。

信息系统灾难恢复预案至少应包含灾难恢复范围和目标；灾难切换规程、灾后重续运行操作指引、各系统灾难切换操作手册。

（3）灾备演练

演练是为了验证灾难恢复预案的完整性、易用性、明确性、有效性和兼容性，提高单位的预案执行能力。

演练的形式：桌面演练、模拟演练、实战演练。

演练的评估：演练完成后，应对演练的组织、过程、效果进行评估，主要包括：灾难恢复预案的有效性和可用性；演练结果与演练目标的差距；演练过程中发现的生产系统和灾难备份系统存在的问题；演练工作的组织；参演人员的应急能力；应急资源的协调、保障能力；演练后预案的修订。应根据演练结果对灾难恢复预案进行维护和更新，在下次演练中应加强对更新部分的演练，验证更新部分的有效性。

（4）灾备演练管理

责任单位应安排专人负责灾难恢复预案的日常维护管理，灾难恢复预案的更新维护。灾备演练管理包括应急预案的培训、制定应急演练计划、实施应急演练、应急演练后评价以及应急预案的持续改进，通过演练训练指挥人员和运维人员掌握和提高应急处置的能力。

10. 独立的灾备中心应该如何运维与管理？

（1）独立灾难备份中心基础设施建设包括灾难备份中心的选址、规划、设计、建设和验收。机房和辅助设施、网络建设以及灾备的业务环境和相应的支持人员应满足和达到灾备要求。

（2）灾备中心应建立完善的运行维护管理制度和操作规程，明确岗位职责。主要内容包括：

① 灾难备份系统运维管理：问题管理、事件管理、变更管理、配置管理、安全管理、服务水平管理、介质与文档管理等规程。

② 灾难备份中心保障管理：机房管理、环境设施管理、后勤保障管理等制度。

③ 灾难备份中心可用性管理：人员管理制度、灾难备份系统基准维护管理制度（定期对灾难备份系统面向生产系统的符合性检查维护制度）、功能性子系统验证和演练规程（针对灾难备份系统中的部分子系统进行测试验证及演练制度）、灾难恢复预案以及相关操作手册的管理制度、应急处理工作规程等。

（3）运行维护工作内容：

① 应定期维护基础设施，保证灾难备份中心工作设施（电力、通讯、机房环境、安防监控设施等）、辅助设施和生活设施等的可用性。

② 业务和数据备份系统：按照灾备等级和目标定时完成数据和信息系统给的备份。

③ 定期检测维护信息和数据备份系统，保证系统软硬件可用性，并确保数据备份系统的备份数据与生产系统相一致。

④ 做好灾备应急预案和培训，开展灾备系统的应急演练。

11. 我国有哪些面向灾备技术的监督管理、测评验收机制？

从监管层面看：国家政府层面，中共中央网络安全和信息化委员会办公室、中华人民共和国应急管理部和各省对应的应急管理厅（局）、中华人民共和国公安部、中华人民共和国工业和信息化部。

行业层面：每个行业的主管部门都设有相应安全（或内控、审计）部门。

测评与验收机构：灾备技术国家工程实验室、北京信息灾备技术产业联盟、国家信息安全测评中心等。其中灾备技术国家工程实验室是由发改委批准，于2008年成立的国家级灾备专业技术机构。依托1个国家重点实验室、3个国家工程实验室、2个省部级实验室以及北京信息灾备产业联盟等开展科学研究、工程研发及产业化合作。研究方向为云技术与灾备、安全事件行为分析、物联网移动与工控、隐私与密码，共有特聘学者、技术专家、研究员近百人。

十三、新技术应用安全

1. 什么是云计算安全？云计算安全的核心问题是什么？

云计算安全或云安全指一系列用于保护云计算数据、应用和相关结构的策略、技术和控制的集合，属于计算机安全、网络安全领域。

在《信息安全技术 云计算服务安全能力要求（GB/
T31168—2014)》标准中，对云计算安全问题的描述包括：在
云计算环境下，客户对数据、系统的控制和管理能力明显减
弱、客户与云服务商之间的责任难以界定、数据保护更加困
难、容易产生对云服务商的过度依赖等。由此产生了对云计算
安全的需求，即云计算基础设施及信息网络的硬件、软件和系
统中的数据应受到保护，不因偶然或者恶意的原因遭到破坏、
更改或泄露，系统能够连续可靠地正常运行，保证云计算服务
不中断。

2. 什么是零信任架构？

所谓"零信任"（Zero Trust，ZT）是指在默认情况下，不
应该信任网络内部和外部的任何人、设备、系统，需要基于认
证和授权重构访问控制的信任基础。零信任对访问控制进行了
范式上的颠覆，其本质是以身份为基石的动态可信访问控制。

国际著名的网络安全专家埃文·吉尔曼（Evan Gilman）
和道格·巴斯（Doug Barth）在他们的专著《零信任网络》[1] 一
书中，将零信任的定义建立在如下 5 个基本假定之上：

（1）网络无时无刻不处于危险的环境中；

（2）网络中自始至终存在外部或内部威胁；

---

[1] [美] 埃文·吉尔曼（Evan Gilman）、道格·巴斯（Doug Bar）：《零
信任网络：在不可信网络中构建安全系统》，奇安信身份安全实验室
译，人民邮电出版社 2019 年版。

（3）网络的位置不足以决定网络的可信程度；

（4）所有的设备、用户和网络流量都应当经过认证和授权；

（5）安全策略必须是动态的，并基于尽可能多的数据源计算而来。

NIST 在《零信任架构》[①] 中指出，零信任架构（Zero Trust Architecture，ZTA）是一种网络 / 数据安全的端到端方法，关注身份、凭证、访问管理、运营、终端、主机环境和互联的基础设施。

零信任架构是一种企业网络安全规划解决方案，它利用零信任概念，并囊括了组件关系、工作流规划与访问策略。与传统网络安全方案只关注边界防护、对授权用户开放了过多的访问权限不同，ZTA 是一种关注数据保护的架构方法，其首要目标就是基于身份进行细粒度的访问控制，以便应对越来越严峻的越权横向移动风险。

零信任安全架构四大关键能力为以身份为基石、业务安全访问、持续信任评估、动态访问控制，构筑以身份为基石的动态虚拟边界产品与解决方案，助力企业实现全面身份化、授权动态化、风险度量化、管理自动化的新一代网络安全架构。

---

① NIST publishes Special Publication (SP) 800-207, "Zero Trust Architecture", 2020.8.11.

3. 什么是"云原生"？

"云原生"（Cloud Native）是一种构建和运行应用程序的方法，是一套技术体系和方法论。其中"Cloud"表示应用程序位于云中，而不是传统的数据中心，也不是将传统的应用程序简单地部署到云上；"Native"表示应用程序是为云而设计的，即从开发之初，就考虑到云的运行环境，可以充分发挥云计算平台分布式和高可用的优势。

"云原生"的概念最早是由 Pivotal 公司的 Matt Stine 于 2013 年提出的。2015 年，Matt Stine 在《迁移到云原生架构》一书中定义了符合云原生架构的几个特征：12 个因素应用程序、微服务、自助的敏捷基础设施、基于 API 的协作、扛压性。① 到了 2017 年，Matt Stine 将云原生架构归纳为模块化、可观察、可部署、可测试、可替换、可处理 6 个特质。2018 年 Pivotal 对云原生的定义为"云原生是一种方法，用于构建和运行充分利用云计算模型优势的应用"。2015 年 7 月成立的云原生计算基金会（Cloud Native Computing Foundation，简写为 CNCF）将云原生定义为应用容器化、动态编排调度、面向微服务。随着技术的发展，云原生的概念在不断地发展变化。

云原生包含了一组应用的模式，用于帮助企业快速、持续、可靠、规模化地交付业务软件。云原生一般由微服务架

---

① Matt Stine：*Migrating to Cloud Native Application Architectures*，O'REILLY，2015.2.

构、DevOps 和以容器为代表的敏捷基础架构组成。图 10 是云原生架构的主要内容和特点。

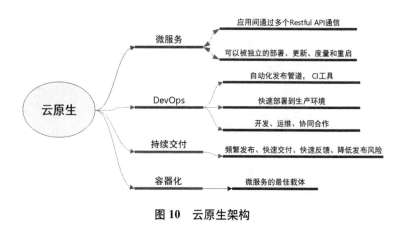

图 10　云原生架构

云原生架构本质上也是一种软件架构，最大的特点是在云环境下运行，也是微服务的一种延伸。它有助于提高开发效率，提升业务敏捷度、可扩展性、可用性、资源利用率，降低成本。

4. 关键信息基础设施对于云安全的要求有哪些?

为提高党政机关、关键信息基础设施运营者采购使用云计算服务的安全可控水平，2019 年 7 月，国家互联网信息办公室、国家发展和改革委员会、工业和信息化部、财政部发布了《云计算服务安全评估办法》，对云计算平台的安全性、可控性给出了具体的规范要求，为党政机关、关键信息基础设施运营者采购云计算服务提供参考，2019 年 9 月 1 日开始实施。

具体内容见《云计算服务安全评估办法》。

5. 什么是软件的安全性？什么是软件安全开发？典型的软件安全生命周期模型有哪些？关键信息基础设施对于开发过程安全的要求有哪些？

软件的安全性是指软件"在面临蓄意威胁其可靠性的事件的情形下依然能够提供所需功能的能力"[①]。软件的安全性是"软件产品保护信息和数据的能力，以使未授权人员或系统不能阅读或修改这些信息和数据，而不拒绝授权人员或系统对它们的访问"[②]；是在软件生命周期内，应用安全工程技术，确保软件采取积极的措施提高系统安全性，确保降低系统安全性的错误已经减少到或控制在一个风险可接受的水平内。[③]

软件安全开发的概念，是 2004 年由微软公司正式提出的，核心思想就是将安全要素嵌入到软件开发生命周期的全过程。它继承了系统安全工程的思想，将安全性的实现提前到软件开发生命周期的早期阶段，即从需求分析就开始考虑各种安全活动，最大限度地减少软件开发过程中引入的安全漏洞的数量，提高软件 / 系统的本质安全性。

典型的软件安全开发生命周期模型有微软的 SDL 模型、

---

① [美] John Viega, Gary Mcgraw 等：《安全软件开发之道——构筑软件安全的本质方法》，殷丽华等译，电子工业出版社 2014 年版。

② GB-T 16260.1—2006《软件工程 产品质量 第 1 部分：质量模型》。

③ NASA Software Security Standards. NASA-STD-8917.13, 2020.6.10.

McGraw 的 BSI 模型、OWASP 的 CLASP 模型、安全属性驱动的 SDM 模型[①] 以及强调安全开发和安全运维一体化的 DevSecops 模型。

对于软件／系统开发过程的安全要求，《关键信息基础设施安全保护条例》第 12 条规定，"安全保护措施应当与关键信息基础设施同步规划、同步建设、同步使用"，即"三同步"原则。通过安全需求规划分析、安全设计、安全开发和安全运维等过程安全管理和控制，实现关键信息基础设施系统安全自主可控的目标。

安全性是软件质量的一个重要属性，是系统安全、网络安全的一个新兴领域，在系统运行、危险控制以及关键安全功能实现等方面正发挥着越来越重要的作用，成为保障系统安全、避免重大人员伤亡和财产损失的一个重要环节。

6. 什么是供应链安全？关键信息基础设施对于供应链安全的要求有哪些？

供应链是指通过多个资源和过程联系在一起的一系列组织，根据由服务协议或其他采购协议建立连续的供应关系，每个组织充当一个需求方、提供方或双重角色。

网络信息系统（Information Communications Technology，

---

① 宋明秋：《软件安全开发——属性驱动模式》，电子工业出版社 2016 年版，第 5 页。

ICT）供应链通常涵盖软、硬件产品的采购、开发、集成等环节，涉及生产者、供应商、系统集成商、服务提供商等多类实体以及技术、法律、政策等软环境。供应链贯穿产品全生命周期，从产品的设计研发、生产、交付以及运维，包括供应商管理、采购、生产、仓储、物流等供应链管理环节。

供应链安全就是通过对供应链各环节的产品安全保证要求，实现系统整体安全目标，主要包括：（1）完整性。确保在ICT 供应链所有环节中，网络产品和服务不被植入、篡改、替换和伪造。（2）保密性。确保 ICT 供应链上传递的敏感信息不被未授权泄露。（3）可用性。确保 ICT 供应链能够正常供应，甚至在部分失效时仍能保持连续供应。（4）可控性。确保采购方和供应商对 ICT 产品、服务或供应链的控制能力，例如一旦 ICT 供应链发生问题可进行追溯，保障采购方对供应链信息的透明度等。

当前，ICT 供应链已成为网络攻击的重要渠道和对象，可能面临多种安全威胁，因此供应链安全也成为关键信息基础设施安全保护要求的一个重要方面，《关键信息基础设施保护条例》第 19、20 条着重强调了关键信息基础设施运营者应当优先采购安全可信的网络产品和服务。同时，应当按照国家有关规定与网络产品和服务提供者签订安全保密协议，明确提供者的技术支持和安全保密义务与责任，并对义务与责任履行情况进行监督。《信息安全技术 关键信息基础设施信息技术产品供应链安全要求（征求意见稿）》针对供应方和需求方的安全要求包括：

供应方应：

（1）声明不会通过在信息技术产品中设置后门，或利用提供产品的便利条件非法获取用户数据、控制和操纵用户系统和设备，不会利用需求方对信息技术产品的依赖性谋取不正当利益，不会出于市场竞争的需要强迫需求方对信息技术产品进行升级或更新换代。

（2）承诺发现信息技术产品存在安全缺陷、漏洞等风险时，立即采取补救措施，包括但不限于漏洞修复、安全替代方案等，并及时通知合作伙伴和需求方。

（3）对信息技术产品研发、制造过程中涉及的外国实体拥有或控制的技术专利和知识产权，获得 10 年以上授权。

（4）按照要求开展供应链安全风险评估。

（5）建立并实施信息技术产品安全开发流程，明确开发管理要求、安全控制措施和人员行为准则等。

（6）制定所采购的信息技术产品及部件的可追溯性策略，记录并保留信息技术产品及部件的原产地、原供应方等相关信息。

（7）建立并实施规范的生产流程，采用访问控制、完整性和一致性校验等措施保障信息技术产品关键生产环节的安全，并对信息技术产品及部件进行唯一标识。

（8）制定物流服务供应方、物流路线的安全策略，记录和保留信息技术产品及部件的仓储、运输和交付等状态。

（9）在规定或者与需求方约定的期限内，不应终止提供安全维护；在需求方授权的范围内开展运行维护工作，保障信息技术产品运行维护过程中的数据安全，防止数据泄露、篡改、损毁，未经需求方同意不得向他人提供数据或将数据用于除运行维护以外的目的。

（10）提供中文版运行维护、二次开发等技术资料。

需求方应：

（1）通过采购文件、协议等要求供应方符合 4.1 的要求。

（2）建立和维护合格供应方目录，目录中的供应方应没有出现因政治、外交、贸易等因素中断信息技术产品、芯片等元器件、材料供应，停止软件授权、升级或技术支持服务的先例。

（3）从多个国家或地区获得信息技术产品及其部件，确保来源具有多样性。

（4）定期评估信息技术产品供应中断、停止授权、拒绝提供产品升级或技术支持服务的风险，确保供应链弹性；在约定的期限内，要求供应方提供信息技术产品供应链安全风险评估报告。

7. 什么是工业控制系统？工业控制系统安全的主要问题有哪些？关键信息基础设施对于工业控制系统的安全防护要求有哪些？

工业控制系统（简称工控系统）是指工业生产中使用的控制系统，包括监控和数据采集系统（SCADA）、分布式控制系统（DCS）和其他较小的控制系统，如可编程逻辑控制器（PLC）等。

监控和数据采集系统（SCADA）是指在工业生产控制过程中，对大规模远距离地理分布的资产和设备在广域网环境下进行集中式数据采集与监控管理的控制系统。它以计算机为基础、对远程分布运行设备进行监控调度，其主要功能包括数据采集、参数测量和调节、信号报警等。SCADA系统一般由设在控制中心的主终端控制单元（MTU）、通信线路和设备、远程终端单元（RTU）等组成。

分布式控制系统（DCS）是指以计算机为基础，在系统内部（组织内部）对生产过程进行分布控制、集中管理的系统。DCS系统一般包括现场控制级、控制管理级两个层次。现场控制级主要是对单个子过程进行控制，控制管理级主要是对多个分散的子过程进行调度管理、数据采集和集中显示。

工控系统的安全问题主要有：

（1）工控系统普遍存在安全漏洞，且多为高危漏洞，导致工控系统受到越来越多的潜在攻击的威胁；

（2）专有的工控系统协议缺乏安全性考虑，增加了网络通信协议被窃听、捕获、篡改、假冒的风险；

（3）工控系统国产化率较低，关键信息基础设施受制于人，很难实现自主可控；

（4）各种新的攻击形式层出不穷，如勒索病毒、设备后门或软件漏洞被利用、APT攻击等，使得工控系统安全存在巨大风险。

根据《信息安全技术 关键信息基础设施网络安全保护基本要求（报批稿）》，对关键信息基础设施承载的业务，对业务所涉及的多个网络和信息系统（含工业控制系统）等需要进行整体防护。要求关键信息基础设施运营者负责关键信息基础设施的运行、管理，对本组织关键信息基础设施安全负主体责任，履行网络安全保护义务，接受政府和社会监督，承担社会责任。其安全保护主要环节及活动应包括识别认定、安全防护、检测评估、监测预警、事件处置5个环节。

8. 什么是网络弹性？基于网络弹性工程方法构建关键信息基础设施系统有哪些优点？

《系统安全工程 网络弹性构建指南》①对网络弹性的定义是包含网络资源的系统"预测、承受、恢复、适应"对抗条件、压力、攻击或者破坏的能力。

从网络弹性视角，一个重要假设就是攻击方能够绕过网络边界保护措施而获得在系统中持久性的立足点，并且能够不断进化、不断尝试以达到攻击的目标。典型的攻击形式如高级可持续攻击（APT攻击）。

网络弹性聚焦风险治理的改进，使网络风险成为组织风险管理的一部分,改善网络卫生环境(包括事件响应和持续监控),以及威胁信息共享。这些方面对于组织风险管理策略是非常重要的。

"网络弹性"是国际网络安全领域的一个新概念,采用网络弹性工程思想来考虑安全性问题,已经用于很多组织,重点关注组织应对网络威胁的弹性能力,强调有效实施良好网络安全实践和业务连续性保障,通过对抗确定的攻击方以控制系统的弹性风险。网络弹性正在成为有效的任务、业务保障或运营风险管理策略的关键要素,对于关键信息基础设施建设系统在遭遇事故、故障、错误或系统破坏时,能够安全地、有弹性地保证系统重要任务和业务的正常运行。

9. 什么是数据伦理?数据伦理的代表性案例有哪些?

数据伦理是伦理学的一个分支,研究由于大数据的使用而带来的对人与人、人与社会的关系的影响,和公众对数据应用的道德接受标准。

数据伦理主要内容包括以下 3 个方面:

(1)数据本身相关:数据的产生、收集、记录、处理、分发、共享和使用(涉及整个数据生命周期中的个人信息及隐私数据保护);

(2)算法相关:人工智能(Artificial Intelligence,AI)、智能 Agents、机器学习和机器人;

(3)实务相关:创新、编程、黑客以及职业道德。

数据伦理问题的代表性案例如：大数据"杀熟"，即一些厂商利用自己拥有的数据，对老用户实行价格歧视的行为，也就是说，同一件商品或者同一个服务，给老用户的价格要高于新用户，以此获得利润最大化。

10. 什么是人工智能伦理？人工智能的伦理风险有哪些？

人工智能伦理是指由于人工智能的研究、开发和使用等活动而带来的人与人、人与自然、人与社会之间的伦理风险问题，与智能算法相关，属于数据伦理的范畴。

《网络安全标准实践指南——人工智能伦理道德规范指引》[①] 指出，进行人工智能相关活动可能存在以下风险：

（1）失控性风险。人工智能的行为与影响超出研究开发者、设计制造者、部署应用者所预设、理解、可控制的范围，对社会价值产生负面后果的风险。

（2）社会性风险。人工智能的使用不合理，包括滥用、误用等，影响社会价值观、引发系统性社会问题的风险。

（3）侵权性风险。人工智能对人的基本权利、人身、隐私、财产等造成侵害或产生负面后果的风险。

（4）歧视性风险。人工智能对人类特定群体产生主观或客观偏见，造成权利侵害或负面后果的风险。

---

① 《网络安全标准实践指南——人工智能伦理道德规范指引（TC260-PG-2020101）》（V1.0-202011）。

（5）责任性风险。人工智能相关各方责任边界不清晰、不合理，导致各方行为失当，对社会信任、社会价值产生负面后果的风险。

11. 国家对于人工智能的伦理道德基本要求有哪些？

《网络安全标准实践指南——人工智能伦理道德规范指引》要求，开展相关活动时：

（1）应符合我国社会价值观，并遵守国家法律法规；

（2）应致力于实现和谐友好、公平公正、包容共享、安全可控的人工智能；

（3）应尊重并保护个人基本权利、人身、隐私、财产等权利，应特别关注对弱势群体的保护；

（4）应认识到人工智能存在的伦理道德安全风险，进行必要的风险分析，在合理范围内开展人工智能相关活动；

（5）研究开发者、设计制造者、部署应用者应推动、参与人工智能伦理道德安全风险治理体系与机制建设，实现共担责任、开放协作、敏捷治理。

行　业　编

一、关键信息基础设施行业综述

《国家安全法》《网络安全法》、国务院《关键信息基础设施安全保护条例》、中央网信办《国家网络空间安全战略》和《国家网络安全检查操作指南》、公安部《贯彻落实网络安全等级保护制度和关键信息基础设施安全保护制度的指导意见》等法律法规、规范性文件、政策标准，共同构建了中国关键信息基础设施安全保护制度框架，并且通过正在制定中的国家标准对关键信息基础设施的网络安全保护基本要求、安全防护能力评价方法、信息技术产品供应链安全要求、边界确定方法、安全监测预警要求等进行细化规定。这些现行规定对关键信息基础设施的范围界定和分类角度不尽相同，同时国家鼓励关键信息基础设施以外的网络运营者自愿参与关键信息基础设施保护体系，关键信息基础设施的行业范围具有可扩展性。

中国法律和行政法规对关键信息基础设施的界定采取定

性和列举相结合的方式规定。就定性来讲，重要行业和领域，以及其他一旦遭到破坏、丧失功能或者数据泄露，可能严重危害国家安全、国计民生、公共利益的重要网络设施、信息系统等，为关键信息基础设施，这是《国家安全法》《网络安全法》《关键信息基础设施安全保护条例》中措辞一致的规定。就列举方式来讲，《国家安全法》和《网络安全法》列举了7类行业包括公共通信和信息服务、能源、交通、水利、金融、公共服务、电子政务，《关键信息基础设施安全保护条例》增加1类，为国防科技工业。如上所述，法律并未穷尽列举所有行业，其他重要行业和领域如果符合定性规定，也可能成为关键信息基础设施。

中央网信办和公安部的规定和指南，对关键信息基础设施的列举有所细化，甚至是扩展。《国家网络空间安全战略》增加列举"广播电视传输等服务的基础信息网络"，可被视为细化"公共通信和信息服务"，此外增加"教育""科研""工业制造""医疗卫生""社会保障""公用事业""国家机关的重要信息系统""重要互联网应用系统"8类，上述列举有的可以被视为对行业规定的细化，例如医疗卫生为公共服务的一种；有的为对行业规定的扩展，例如工业制造。

中央网信办《国家网络安全检查操作指南》提供了按照行业分类之外的另外一种分类角度，规定关键信息基础设施包括网站类，如党政机关网站、企事业单位网站、新闻网站等；平台类，如即时通信、网上购物、网上支付、搜索引擎、电子邮件、论坛、地图、音视频等网络服务平台；生产业务类，如办公和业务系统、工业控制系统、大型数据中心、云计算平台、电视传播系统等。《国家网络安全检查操作指南》为网信办依据《关于开展关键信息基础设施网络安全检查的通知》（中网办发〔2016〕3号）和参照《信息安全技术 政府部门信息安全管理基本要求（GB/T 29245—2012)》等国家网络安全技术标准规范制定，是各地区、各部门、各单位在开展关键信息基础设施网络安全检查工作时的重要参考。《国家网络安全检查操作指南》制定于2016年6月，早于《关键信息基础设施安全保护条例》，《关键信息基础设施安全保护条例》的配套制度完善之前，《国家网络安全检查操作指南》仍然是判定关键信息基础设施的重要参考。

公安部《贯彻落实网络安全等级保护制度和关键信息基础设施安全保护制度的指导意见》规定，应将符合认定条件的基础网络、大型专网、核心业务系统、云平台、大数据平台、物联网、工业控制系统、智能制造系统、新型互联网、新兴通信设施等重点保护对象纳入关键信息基础设施。公安部的规定可被视为对《关键信息基础设施安全保护条例》规定的"网络设施、信息系统"的细化，但是有些概念还待进一步明确，例如新型互联网的含义。

综上可知：（1）在目前的法律和政策框架下，关键信息基础设施涉及公共通信和信息服务、能源、交通、水利、金融、公共服务、电子政务、国防科技工业，一共8类，也即《关键信息基础设施安全保护条例》中明确列举的行业；(2) 关键信息基础设施不限于《关键信息基础设施安全保护条例》中明确列举的 8 类行业，其他重要行业和领域，以及其他一旦遭到破坏、丧失功能或者数据泄露，可能严重危害国家安全、国计民生、公共利益的重要网络设施、信息系统等均有可能构成关键信息基础设施；(3) 从《国家网络空间安全战略》来看，其他重要行业和领域，包括广播电视传输等服务的基础信息网络，教育、科研、工业制造、医疗卫生、社会保障、公用事业、国家机关的重要信息系统、重要互联网应用系统；(4) 此外根据中央网信办《国家网络安全检查操作指南》和公安部《贯彻落实网络安全等级保护制度和关键信息基础设施安全保护制度的指导意见》，特定网站、特定平台、特定生产业务系统也有可能构成关键信息基础设施，包括基础网络、大型专网、核心业务系统、云平台、大数据平台、物联网、工业控制系统、智能制造系统、新型互联网、新兴通信设施；(5) 国家鼓励关键信息基础设施以外的网络运营者自愿参与关键信息基础设施保护体系。

　　根据《关键信息基础设施安全保护条例》，关键信息基础设施涉及的重要行业和领域的主管部门、监督管理部门是负责关键信息基础设施安全保护工作的部门，即公共通信和信息服务、能源、交通、水利、金融、公共服务、电子政务、国防科技工业等重要行业和领域的行业主管部门、监督管理部门。关键信息基础设施安全保护工作的部门负责制定关键信息基础设施认定规则，负责组织认定本行业、本领域的关键信息基础设施。负责关键信息基础设施 安全保护工作的部门还需要在国家网信部门统筹协调下，接受国务院及公安部门指导监督关键信息基础设施安全保护工作。例如，公共通信和信息服务行业的安全保护工作部门为工信部，工信部在国家网信部门统筹协调和公安部门指导监督下，开展安全保护工作。

因此，在中国法律的框架下，特定行业或者领域的网络设施或者信息系统是否构成关键信息基础设施以及如何保护关键信息基础设施可以通过三个层面的问题进行判断：（1）是否属于关键信息基础设施行业或者领域；（2）关键信息基础设施行业涉及哪些网络设施、信息系统；（3）对构成关键信息基础设施的网络设施、信息系统的特殊保护要求和方法。

二、公共通信和信息服务

1. 公共通信和信息服务行业涉及的范围是什么？

公共通信泛指通过电信、互联网、广播电视、卫星或其他数字方式向公众提供的通信服务。信息服务泛指通过电信网络生成、获取、存储、转换、处理、检索、利用或提供信息的服务。电信网络是指使用数字方式远距离传输信息的网络。

公共通信和信息服务行业涉及的范围包括电信、互联网、广播电视、卫星通信以及基于这些公共通信手段而提供信息服务的主体或业务。例如，电信服务运营者、互联网应用服务运营者、云服务运营者、广播电视服务者、数字媒体运营者等单位及其面向社会公众提供服务的设施。

公共通信和信息服务行业的重要网络设施或者信息系统等是否构成关键信息基础设施，需要由保护工作部门根据制定的关键信息基础设施认定规则负责组织认定。公共通信和信息服务行业的关键信息基础设施的保护工作部门为本行业和领域的主管部门、监督管理部门，例如工信部、国家广播电视总局等。

2. 公共通信和信息服务行业涉及关键信息基础设施的网络设施和信息系统有哪些？

公共通信和信息服务行业承载着全社会的信息交流任务。用于实现这些业务任务的设施，根据其一旦遭到破坏、丧失功能或者发生数据泄露后，危害国家安全、国计民生、公共利益的重要程度、危害程度和关联性影响的大小而被认定为关键信息基础设施。例如，电信网、广播电视网、互联网、卫星通信网或卫星导航定位系统等公共通信网络或业务系统，以及提供云计算服务、大数据公共信息服务的设施，广播电台、电视台、通讯社等单位的业务系统，均有可能被认定为关键信息基础设施。

《网络安全检查操作指南》确立的公共通信和信息行业的关键业务如下：

表 17　公共通信和信息行业的关键业务

电信与互联网	•语音、数据、互联网基础网络及枢纽 •域名解析服务和国家顶级域注册管理 •数据中心 / 云服务

　　《国民经济行业分类（GB/T 4754—2017)》规定了全社会经济活动的分类与代码。采用线分类法和分层次编码方法，将国民经济行业划分为门类、大类、中类和小类 4 级。《国民经济行业分类》是判定关键信息基础设施所涉行业或领域的重要参考依据。《国民经济行业分类（GB/T 4754—2017)》和国家统计局关于修订《三次产业划分规定（2012)》的通知，互联网行业主要分布于第三产业（服务业），属于"信息传输、软件和信息技术服务业"门类，与"电信、广播电视和卫星传输服务"和"软件和信息技术服务业"并列，为"互联网和相关服务"大类。

　　"互联网和相关服务"大类具体包含互联网接入及相关服务、互联网信息服务、互联网平台、互联网安全服务、互联网数据服务、其他互联网服务，共 6 个中类。这 6 个中类的重要网络设施、信息系统是否有可能构成关键信息基础设施，需要具体分析。

　　（1）互联网接入及相关服务

　　互联网接入及相关服务指除基础电信运营商外，基于基础传输网络为存储数据、数据处理及相关活动，提供接入互联网的有关应用设施的服务，实践中从事互联网接入服务需要经过审批获得许可。互联网接入服务实际上是将各主体各自的网络接入基础传输骨干网络的过程。互联网接入服务未被列入《关键信息基础设施安全保护条例》的 8 类行业或者领域内，如果未经过关键信息基础设施保护工作部门认定，不属于关键信息基础设施。但是在提供服务过程中会连接由基础电信运营商专营的基础传输网络，该基础传输网络属于公共通信和信息服务。

（2）互联网信息服务

互联网信息服务的范围比较广泛，指除基础电信运营商外，通过互联网提供在线信息、电子邮箱、数据检索、网络游戏、网上新闻、网上音乐等信息服务；不包括互联网支付、互联网基金销售、互联网保险、互联网信托和互联网消费金融，有关内容列入相应的金融行业中。

可见，基础电信运营商和非基础电信运营商均可提供互联网信息服务，基础电信运营商提供的互联网信息服务是否属于关键信息基础设施中的公共通信和信息服务，由关键信息基础设施保护工作部门认定，非基础电信运营商提供的互联网信息服务如果未达到公共通信和信息服务对国家安全、国计民生、公共利益同等的影响程度且未被认定为关键信息基础设施，不属于关键信息基础设施。

根据网信办《国家网络安全检查操作指南》，关键信息基础设施包括网站类，如党政机关网站、企事业单位网站、新闻网站等，属于互联网信息服务。符合以下条件之一的，可认定为关键信息基础设施：

① 县级（含）以上党政机关网站。（2016 年检查中，所有党政机关网站均应填写上报登记表）

② 重点新闻网站。（2016 年检查中，所有新闻网站均应填写上报登记表）

③ 日均访问量超过 100 万人次的网站。

④ 一旦发生网络安全事故，可能造成以下影响之一的：

1）影响超过 100 万人工作、生活；

2）影响单个地市级行政区 30% 以上人口的工作、生活；

3）造成超过 100 万人个人信息泄露；

4）造成大量机构、企业敏感信息泄露；

5）造成大量地理、人口、资源等国家基础数据泄露；

6）严重损害政府形象、社会秩序，或危害国家安全。

网信办《关于加强党政机关网站安全管理的通知》还专门就加强党政机关网站安全管理进行规定，就党政机关网站技术防护体系建设而言，要求中央和国家机关各部委、各人民团体、各地区各部门在规划建设党政机关网站时，应按照同步规划、同步建设、同步运行的要求，参照国家有关标准规范，从业务需求出发，建立以网页防篡改、域名防劫持、网站防攻击以及密码技术、身份认证、访问控制、安全审计等为主要措施的网站安全防护体系。切实落实信息安全等级保护等制度要求，做好党政机关网站定级、备案、建设、整改和管理工作，加强党政机关网站移动应用安全管理，提高网站防篡改、防病毒、防攻击、防瘫痪、防泄密能力。为党政机关提供网站和邮件服务的数据中心、云计算服务平台等要设在境内。

⑤ 其他应该认定为关键信息基础设施。

此外，金融行业整体属于关键信息基础设施行业，互联网支付、互联网基金销售、互联网保险、互联网信托和互联网消费金融，有关内容列入《国民经济行业分类》相应的金融行业中。因此，该部分是否纳入《关键信息基础设施安全保护条例》所列举的金融行业进行关键信息基础设施行业判定，需要根据关键信息基础设施保护工作部门的认定来最终决定。

（3）互联网平台

《国民经济行业分类》将互联网平台分为互联网生产服务平台、互联网生活服务平台、互联网科技创新平台、互联网公共服务平台、其他互联网平台，一共5种。每一种互联网平台的网络设施、信息系统是否可能构成关键信息基础设施需要具体分析。

互联网生产服务平台指专门为生产服务提供第三方服务平台的互联网活动，包括互联网大宗商品交易平台、互联网货物运输平台等。

互联网生活服务平台指专门为居民生活服务提供第三方服务平台的互联网活动，包括互联网销售平台、互联网约车服务平台、互联网旅游出行服务平台、互联网体育平台等。

互联网科技创新平台指专门为科技创新、创业等提供第三方服务平台的互联网活动，包括网络众创平台、网络众包平台、网络众扶平台、技术创新网络平台、技术交易网络平台、科技成果网络推广平台、知识产权交易平台、开源社区平台等。

互联网公共服务平台指专门为公共服务提供第三方服务平台的互联网活动。

根据《国家网络安全检查操作指南》，即时通信、网上购物、网上支付、搜索引擎、电子邮件、论坛、地图、音视频等网络服务平台可能构成关键信息基础设施的条件为：

① 注册用户数超过 1000 万，或活跃用户（每日至少登录一次）数超过 100 万。

② 日均成交订单额或交易额超过 1000 万元。

③ 一旦发生网络安全事故，可能造成以下影响之一的：

1）造成 1000 万元以上的直接经济损失；

2）直接影响超过 1000 万人工作、生活；

3）造成超过 100 万人个人信息泄露；

4）造成大量机构、企业敏感信息泄露；

5）造成大量地理、人口、资源等国家基础数据泄露；

6）严重损害社会和经济秩序，或危害国家安全。

④ 其他应该认定为关键信息基础设施。

《国家网络安全检查操作指南》并未按照《国民经济行业分类》对平台服务类型进行区分，而是统一按照用户数量、交易金额、影响范围等进行判定。此外，互联网公共服务平台专门为公共服务提供第三方服务平台，应属于《关键信息基础设施安全保护条例》明确列举的公共服务服务范畴。

（4）互联网安全服务

互联网安全服务包括网络安全监控，以及网络服务质量、可信度和安全等评估测评活动。互联网安全服务如果未达到对国家安全、国计民生、公共利益有重要影响程度且未被认定为关键信息基础设施，不属于关键信息基础设施。

（5）互联网数据服务

互联网数据服务指以互联网技术为基础的大数据处理、云存储、云计算、云加工等服务。根据《国家网络安全检查操作指南》，办公和业务系统、工业控制系统、大型数据中心、云计算平台、电视转播系统等生产业务类关键信息基础设施包括：

① 地市级以上政府机关面向公众服务的业务系统，或与医疗、安防、消防、应急指挥、生产调度、交通指挥等相关的城市管理系统。

② 规模超过 1500 个标准机架的数据中心。

③ 一旦发生安全事故，可能造成以下影响之一的：

1）影响单个地市级行政区 30% 以上人口的工作、生活；

2）影响 10 万人用水、用电、用气、用油、取暖或交通出行等；

3）导致 5 人以上死亡或 50 人以上重伤；

4）直接造成 5000 万元以上经济损失；

5）造成超过 100 万人个人信息泄露；

6）造成大量机构、企业敏感信息泄露；

7）造成大量地理、人口、资源等国家基础数据泄露；

8）严重损害社会和经济秩序，或危害国家安全。

④ 其他应该认定为关键信息基础设施。

3. 公共通信和信息服务行业的关键信息基础设施有哪些特定的保护措施？

关键信息基础设施运营者应综合采取管理措施和技术措施对关键信息基础设施进行安全保护，通常可以归纳为三类特定的保护措施。

（1）中立性的保护措施。结合公共通信和信息服务行业是面向社会公众提供服务的特点，需要在选定采用何种安全保护措施时，充分考虑社会公众的接受能力和承受水平，必须在法律授权的范围内，根据服务约定充分保障应尽服务的按期交付义务得到履行并保持公共服务过程中的通用中立属性，不可任意施加具有针对性、排他性的保护措施，不可对于不特定目标施加保护措施，不可单方面以安全保护的名义影响缔约服务的交付，不应主动干涉服务对象彼此之间的信息交互。

（2）客观性的保护措施。公共通信和信息服务行业的关键信息基础设施的保护措施通常需要具备去中心化的能力和特性，对于网络设施要突出保护措施的泛在性，对于平台设施要突出保护措施的可信性。除此之外，还要充分考虑有关措施的冗余性、可维护性和经济性。

（3）外延性的保护措施。公共通信和信息服务行业的关键信息基础设施运营者应当在必要时能够在一定程度上将自身的保护措施的效用快速地或便捷地延展、覆盖到指定的对象，能够为指定的对象提供支撑或保护。

三、能　源

1. 能源行业的范围有哪些?

根据《国民经济行业分类（GB/T 4754—2017）》和国家统计局关于修订《三次产业划分规定（2012）》的通知，和能源行业相关的产业分布于第二产业中的 3 个门类，分别为"采矿业"门类、"制造业"门类、"电力、热力、燃气及水生产和供应业"门类。

（1）"采矿业"指对固体（如煤和矿物）、液体（如原油）或气体（如天然气）等自然产生的矿物的采掘，包含"煤炭开采和洗选业""石油和天然气开采业"等 7 大类。

（2）"制造业"指经物理变化或化学变化后成为新的产品，不论是动力机械制造或手工制作，也不论产品是批发销售或零售，包含"石油、煤炭及其他燃料加工"等大类，包括核燃料加工和生物燃料加工。

（3）"电力、热力、燃气及水生产和供应业"包含"电力、热力生产和供应业""燃气生产和供应业"等 3 大类，每 1 类均既包括生产又包括供应。电力、热力生产指通过火力、热电联产、水力、核力、风力、太阳能、生物质能发电等，燃气生产和供应指天然气、液化石油气、煤气和生物质燃气。

国家能源局隶属于国家发展和改革委员会，负责煤炭、石油、天然气、电力（含核电）、新能源和可再生能源等能源的行业管理。有两点值得注意：（1）"采矿业"中除了煤炭、石油、天然气，还包括各类铁、铜等金属矿和土沙石等非金属矿，均由自然资源部（矿业权管理司等）统一管理，负责石油天然气等重要能源和金属、非金属矿产资源矿业权的出让及审批登记；（2）"电力、热力、燃气及水生产和供应业"中的"水的生产和供应业"包含自来水、污水处理、海水淡化等，也不在国家能源局的管理范围之内，而是由水利部管理。

参考国家能源局《能源领域行业标准化工作范围》的规定，能源行业包括：① 石油；② 天然气；③ 煤炭；④ 煤层气（煤矿瓦斯）；⑤ 电力（常规电力）；⑥ 燃料（炼油、煤制燃料和生物质燃料）；⑦ 核电；⑧ 新能源和可再生能源；⑨ 能源节约与资源综合利用；⑩ 能源装备。

综上，能源行业主要分布于采矿业、制造业、电力、热力、燃气及水生产和供应业，但是采矿业中的煤炭、石油、天然气之外的金属和非金属矿不属于能源行业。

能源行业的重要网络设施或者信息系统等是否构成关键信息基础设施需要由保护工作部门根据制定的关键信息基础设施认定规则负责组织认定。能源行业关键信息基础设施保护工作部门为本行业和领域的主管部门、监督管理部门，例如国家发展和改革委员会国家能源局、自然资源部、水利部等。

2. 能源行业涉及关键信息基础设施的网络设施和信息系统有哪些？

《关键信息基础设施安全保护条例》第 32 条规定，国家采取措施，优先保障能源、电信等关键信息基础设施安全运行。能源、电信行业应当采取措施，为其他行业和领域的关键信息基础设施安全运行提供重点保障。可以看出，能源行业是关键信息基础设施所涉及的行业领域"关键中的关键"，国家优先保障，为其他行业提供重点保障。

《网络安全检查操作指南》确立的能源行业的关键业务如表 18：

表 18 能源行业关键业务

能源	电力	• 电力生产（含火电、水电、核电等） • 电力传输 • 电力配送
	石油石化	• 油气开采 • 炼化加工 • 油气输送 • 油气储存
	煤炭	• 煤炭开采 • 煤化工

可见，能源行业的细分子类有很多种，其中电力监控系统网络是安全攻击的"高危"对象，国际网络安全事件频发，

例如 2019 年乌克兰核电厂网络安全事故、2020 年巴西电力公司被勒索赎金等。

根据发改委《电力监控系统安全防护规定》，电力监控系统是指用于监视和控制电力生产及供应过程的、基于计算机及网络技术的业务系统及智能设备，以及作为基础支撑的通信及数据网络等，发电企业、电网企业以及相关规划设计、施工建设、安装调试、研究开发等单位均包括在内。具体包括电力数据采集与监控系统、能量管理系统、变电站自动化系统、换流站计算机监控系统、发电厂计算机监控系统、配电自动化系统、微机继电保护和安全自动装置、广域相量测量系统、负荷控制系统、水调自动化系统和水电梯级调度自动化系统、电能量计量系统、实时电力市场的辅助控制系统、电力调度数据网络等。

3. 能源行业涉及关键信息基础设施的特殊保护措施有哪些？

以电力监控系统为例，发改委《电力监控系统安全防护规定》将电力监控系统安全防护工作整体上分为技术管理、安全管理、保密管理。按照国家信息安全等级保护的有关要求，坚持"安全分区、网络专用、横向隔离、纵向认证"的原则，保障电力监控系统的安全。

就技术管理而言，要求发电企业、电网企业内部基于计算机和网络技术的业务系统，应当划分为生产控制大区和管理信息大区等（第 6 条）；电力调度数据网应当在专用通道上使用独立的网络设备组网，在物理层面上实现与电力企业其他数据网及外部公用数据网的安全隔离等（第 7 条）；生产控制大区的业务系统在与其终端的纵向连接中使用无线通信网、电力企业其他数据网（非电力调度数据网）或者外部公用数据网的虚拟专用网络方式（VPN）等进行通信的，应当设立安全接入区（第 8 条）；在生产控制大区与管理信息大区之间必须设置经国家指定部门检测认证的电力专用横向单向安全隔离装置等（第 9 条）；在生产控制大区与广域网的纵向连接处应当设置经过国家指定部门检测认证的电力专用纵向加密认证装置或者加密认证网关及相应设施（第 10 条）；安全区边界应当采取必要的安全防护措施，禁止任何穿越生产控制大区和管理信息大区之间边界的通用网络服务等（第 11 条）；依照电力调度管理体制建立基于公钥技术的分布式电力调度数字证书及安全标签，生产控制大区中的重要业务系统应当采用认证加密机制（第 12 条）；电力监控系统在设备选型及配置时，应当禁止选用经国家相关管理部门检测认定并经国家能源局通报存在漏洞和风险的系统及设备；对于已经投入运行的系统及设备，应当按照国家能源局及其派出机构的要求及时进行整改，同时应当加强相关系统及设备的运行管理和安全防护。生产控制大区中除安全接入区外，应当禁止选用具有无线通信功能的设备（第 13 条）。

就安全管理而言，要求电力企业应当按照"谁主管谁负责，谁运营谁负责"的原则，建立健全电力监控系统安全防护管理制度，将电力监控系统安全防护工作及其信息报送纳入日常安全生产管理体系，落实分级负责的责任制等（第14条）；电力调度机构、发电厂、变电站等运行单位的电力监控系统安全防护实施方案必须经本企业的上级专业管理部门和信息安全管理部门以及相应电力调度机构的审核，方案实施完成后应当由上述机构验收等（第15条）。

就保密管理而言，电力监控系统相关设备及系统的开发单位、供应商应当以合同条款或者保密协议的方式保证其所提供的设备及系统符合本规定的要求，并在设备及系统的全生命周期内对其负责。电力监控系统专用安全产品的开发单位、使用单位及供应商，应当按国家有关要求做好保密工作，禁止关键技术和设备的扩散（第18条）；对生产控制大区安全评估的所有评估资料和评估结果，应当按国家有关要求做好保密工作（第19条）。

此外，电力行业标准《电力监控系统网络安全评估指南（GB/T 38318—2019）》《电力监控系统网络安全防护导则（GB/T 36572—2018）》等还有更加详细的规定。

电力行业之外的其他能源行业也正在制定或者已经制定与关键信息基础设施相关的网络安全制度和标准。

四、交　通

1. 交通行业的范围有哪些？

根据《国民经济行业分类（GB/T 4754—2017）》和国家统计局关于修订《三次产业划分规定（2012）》的通知，"交通运输、仓储和邮政"为第三产业（服务业）中的一个门类，该门类包含8大类，分别是铁路运输业、道路运输业、水上运输业、航空运输业、管道运输业、多式联运和运输代理业、装卸搬运和仓储业、邮政业。

中华人民共和国交通运输部是交通行业的主管部门，内设国家铁路局、中国民用航空局、国家邮政局、公路局、水运局、运输服务司、海事局等部管国家局、司局、部属行政机构。

交通行业的重要网络设施或者信息系统等是否构成关键信息基础设施需要由保护工作部门根据制定的关键信息基础设施认定规则负责组织认定。交通行业关键信息基础设施保护工作部门为本行业和领域的主管部门、监督管理部门，即交通运输部，管理比较集中和明确。管道运输、装卸搬运和仓储业还涉及发改委能源局管理、商务部职责，但是《关键信息基础设施安全保护条例》并未将管道运输、装卸搬运和仓储业其明确列举为关键信息基础设施行业。

2. 交通行业涉及关键信息基础设施的网络设施和信息系统有哪些?

(1)关键基础设施

关键基础设施并不等同于关键信息基础设施。关键基础设施从设施的物理形态和功能重要性进行界定,关键信息基础设施更强调信息技术在关键信息基础设施中的作用。

现行有效的《国务院关于发布政府核准的投资项目目录(2016年本)的通知》中对交通运输业中的"新建(含增建)铁路""公路""独立公(铁)路桥梁、隧道""煤炭、矿石、油气专用泊位""集装箱专用码头""内河航运""民航"规定了不同层级的核准和备案要求,层级越高构成关键信息基础设施的可能性越大,是识别交通行业构成关键信息基础设施的网络设施和信息系统的重要前置依据。

以"独立公(铁)路桥梁、隧道"为例,跨境项目由国务院投资主管部门核准并报国务院备案。国家批准的相关规划中的项目,中国铁路总公司为主出资的由其自行决定并报国务院投资主管部门备案,其他企业投资的由省级政府核准;其余独立铁路桥梁、隧道及跨10万吨级及以上航道海域、跨大江大河(现状或规划为一级及以上通航段)的独立公路桥梁、隧道项目,由省级政府核准,其中跨长江干线航道的项目应符合国家批准的相关规划,其余项目由地方政府核准。

(2)关键信息基础设施

交通运输部发布多份文件,对交通行业的关键信息基础设施作出原则性要求，分别为：

2019 年发布的《数字交通发展规划纲要》对健全网络和数据安全体系的具体规定为："健全信息通报、监测预警、应急处置、预案管理等工作机制，建立专家库"；"加强网络安全与信息系统同步建设，提高交通运输关键信息基础设施和重要信息系统的网络安全防护能力。"

2019 年发布的《推进综合交通运输大数据发展行动纲要(2020—2025 年)》，规定"全面识别梳理交通运输领域国家关键数据资源，将重要数据保护纳入交通运输关键信息基础设施安全规划，推进国家关键数据资源全面实现异地容灾备份，推进去标识化、云安全防护、大数据平台安全等数据安全技术普及应用。"

2020 年发布的《交通运输部关于推动交通运输领域新型基础设施建设的指导意见》要求"加强关键信息基础设施保护。"

2021 年发布的《交通运输领域新型基础设施建设行动方案（2021—2025 年）》也确立了"保障关键信息系统和公共数据安全"的基本原则。

（3）关键信息基础设施的网络设施和信息系统

民航、铁路、公路、水路、邮政的网络设施和信息系统均有可能构成关键信息基础设施。《网络安全检查操作指南》确立的铁路、民航、公路、水运关键业务如表 19：

表 19　交通行业关键业务

	铁路	• 客运服务 • 货运服务 • 运输生产 • 车站运行
交通	民航	• 空运交通管控 • 机场运行 • 订票、离港及飞行调度检查安排 • 航空公司运营
	公路	• 公路交通管控 • 智能交通系统（一卡通、ETC 收费等）
	水运	• 水运公司运营（含客运、货运） • 港口管理运营 • 航运交通管控

　　民航、铁路、公路、水路、邮政 5 个交通行业各自的网络设施和信息系统均可以再细分。以民航为例，根据《民用航空网络安全等级保护定级指南（MH/T 0069—2018)》，民用航空网络与信息系统可以分为空中交通管理类信息系统、航务类信息系统、机务类信息系统、商务 / 旅客服务类信息系统、机场生产运行类信息系统、电子政务类系统、通用管理类信息系统、门户网站（不包含业务应用）类系统、支撑类网络与信息系统、其他信息设施等类别。每一类系统均包含多种子系统，例如，空中交通管理类信息系统包含空中交通管制自动化系统、民航气象数据库系统、自动转报系统、航空情报自动化系统等；商务 / 旅客服务类信息系统包含订座、离岗、分销、结算四大业务为核心的面向旅客服务的信息系统。

3.交通行业涉及关键信息基础设施的特殊保护措施有哪些？

目前交通行业并没有针对关键信息基础设施的网络设施和信息系统制定专门和统一的行业标准，《交通运输行业信息系统安全等级保护定级指南（JT/T 904—2014）》处于修订状态中。但是在交通行业的具体领域有专门针对关键信息基础设施的规定，例如《民用航空网络安全等级保护基本要求（MH/T 0076—2020）》列举了民用航空第一级至第四级的网络安全要求，其中专门针对关键信息基础设施的要求为：（1）第二级至第四级别安全要求中安全方案设计涉及关键信息基础设施的，应报民航网络安全管理部门进行网络安全专项审查；（2）第三级和第四级安全要求中安全意识教育和培训如果为关键信息基础设施运营者的网络安全关键岗位人员，年度人均接受培训时间不少于 24 学时。

为规范公路水路关键信息基础设施安全保护管理，落实关键信息基础设施安全保护工作责任，交通运输部起草了《公路水路关键信息基础设施安全保护管理办法（征求意见稿）》，于 2022 年 8 月 23 日向社会公开征求意见。根据《关于〈公路水路关键信息基础设施安全保护管理办法（征求意见稿）〉的起草说明》，需要根据《交通强国建设纲要》"提升关键基础设施安全防护能力""完善网络安全保障体系，增强科技兴安能力，加强交通信息基础设施安全保护"；根据《国家综合立体交通网规划纲要》"健全关键信息基础设施安全保护体系，提升车联网、船联网等重要融合基础设施安全保障能力，加强交通信息系统安全防护，加强关键技术创新力度，提升自主可控能力"。

《公路水路关键信息基础设施安全保护管理办法（征求意见稿)》共6章48条，适用于公路水路关键信息基础设施规划建设、识别认定、安全防护、检测评估、监测预警、事件处置及监管等过程，为保障关键信息基础设施安全稳定运行和维护数据的完整性、保密性、可用性所执行的各项工作。《公路水路关键信息基础设施安全保护管理办法（征求意见稿)》是《关键信息基础设施安全保护条例》施行后首个专门对本行业关键信息基础设施安全保护作出系统规定的部门规章。

五、水 利

1. 水利行业的范围有哪些?

根据《国民经济行业分类（GB/T 4754—2017)》和国家统计局关于修订《三次产业划分规定（2012)》的通知，水利行业主要涉及第二产业"建筑业"门类和第三产业（服务业）"水利、环境和公共设施管理"门类。

(1)"建筑业"中的"水利和水运工程建筑"中类包括：水源及供水设施工程建筑、河湖治理及防洪设施工程建筑、港口及航运设施工程建筑三个小类。值得注意的是，"海洋工程建筑"和"水利和水运工程建筑"为并列的独立中类，虽然字面名称未被归于水利，但该归类仅为《国民经济行业分类》的分类方法，并非针对关键信息基础设施的专门归类方法，因此从广义上理解无法完全排除"海洋工程建筑"不属于《关键信息基础设施安全保护条例》所列举的水利行业。

（2）"水利、环境和公共设施管理"中的大类"水利管理业"包括：防洪除涝设施管理、水资源管理、天然水收集与分配、水文服务、其他水利管理业 5 个小类。其中，水文服务指通过布设水文站网对水的时空分布规律、泥沙、水质进行监测、收集和分析处理的活动。"水利、环境和公共设施管理"门类中除了大类"水利管理业"之外，还包括其他 3 个大类，分别为生态保护和环境治理业、公共设施管理业、土地管理业。

（3）水利行业还涉及"水资源专用器械制造"，具体指水利工程管理、节水工程及水的生产、供应专用设备的制造，整体属于第二产业中的专用设备制造业。

（4）"电力、热力、燃气及水生产和供应业"中的"水的生产和供应业"包含自来水、污水处理、海水淡化等，也由水利部管理。

中华人民共和国水利部是水利行业的主管部门，主要职责为负责保障水资源的合理开发利用、负责生活、生产经营和生态环境用水的统筹和保障、管理水利工程、指导水资源保护工作、指导水文工作、指导水利设施、水域及其岸线的管理、保护与综合利用等。此外，水利部职责仅涉及河流、湖泊等，不涉及海洋，海洋由自然资源部的国家海洋局管理，水利部职责和生态环境部也有一定交叉。

水利行业的重要网络设施或者信息系统等是否构成关键信息基础设施需要由保护工作部门根据制定的关键信息基础设施认定规则负责组织认定。水利行业关键信息基础设施保护工作部门为本行业和领域的主管部门、监督管理部门，即水利部等。

2. 水利行业涉及关键信息基础设施的网络设施和信息系统有哪些?

《网络安全检查操作指南》确立的水利行业的关键业务如表20：

表20 水利行业关键业务

水利	•水利枢纽运行及管控 •长距离输水管控 •城市水源地管控

2021年2月28日实施的水利部《水利网络安全保护技术规范（SL/T 803—2020)》对水利关键信息基础设施的定义为：一旦遭到破坏、丧失功能或者数据泄露，可能严重危害国家安全、国计民生、公共利益的水利网络安全保护对象。例如：符合水利关键信息基础设施认定规则的大型水利枢纽、输水调水工程等重要基础设施的集中控制系统和水灾害防御、水资源管理等重要业务系统。

3. 水利行业涉及关键信息基础设施的特殊保护措施有哪些？

《水利网络安全保护技术规范（SL/T 803—2020)》普遍性地要求对水利关键信息基础设施进行重点保护，对水利关键信息基础设施的特殊要求体现在一般要求、安全物理环境、安全通信网络、安全区域边界、安全计算环境、工业控制系统扩展安全、云与虚拟化扩展安全、安全监测预警能力、安全信息采集、威胁感知、应急恢复能力、安全监督检查 12 个部分。

例如，水利网络安全保护技术一般要求中的关键信息基础设施补充安全要求如下：

（1）设备安全要求：应对重要设备进行安全审查和评估；

（2）软件安全要求：应对重要软件进行安全审查和评估；

（3）协议安全要求：应采用具备安全校验机制的通信协议，重要的服务和通信连接应采取加密技术措施；

（4）认证检测要求：关键设备和安全专用产品应当按照国家相关标准的强制性要求，采用安全认证或者安全检测合格的产品；

（5）计算环境要求：应按不低于第三级网络安全保护对象的安全计算环境要求进行设计实施；

（6）容灾备份要求：应具备异地容灾备份措施；

（7）安全验收要求：竣工验收前，宜进行网络安全专项验收。

再如，对关键信息基础设施的安全物理环境要求包括设置独立的逻辑或物理区域、配置第二道电子门禁系统、对核心设备提供备用电力供应、设置专人值守的视频监控系统、宜设置电磁屏蔽措施等等。

六、金 融

1. 金融行业的范围有哪些?

金融行业的范围主要由《国民经济行业分类》确立的"金融业企业",以及《金融控股公司监督管理试行办法（征求意见稿）》中确立的"金融机构"组成。《国民经济行业分类》将金融业企业分为货币金融服务、资本市场服务、保险业、其他金融业四大类,并列举了相应分类下的具体金融业企业,是企业比对自身是否归属为金融业的明确标准;另一方面,《金融控股公司监督管理试行办法（征求意见稿）》则首次尝试对"金融机构"规范定义,根据该征求意见稿第2条,"本办法所称金融机构是指依法设立的、经国家金融管理部门批准从事金融业务的机构。金融机构包括以下类型:（一）商业银行（不含村镇银行）、金融租赁公司。（二）信托公司。（三）金融资产管理公司。（四）证券公司、基金管理公司、期货公司。（五）人身保险公司、财产保险公司、再保险公司、保险资产管理公司。（六）金融管理部门认定的其他金融机构。"诚然,在不同金融监管机构之间对于其所管理的金融机构的种类和定义尚存在不同理解,但从风险合规管控的合理努力角度而言,金融行业和金融机构均宜做广泛理解。

金融行业的重要网络设施或者信息系统等是否构成关键信息基础设施需要由保护工作部门根据制定的关键信息基础设施认定规则负责组织认定。金融行业的关键信息基础设施的保护工作部门为本行业和领域的主管部门、监督管理部门，即"一行两会"，分别为中国人民银行、中国证券监督管理委员会、中国银行保险监督管理委员会。

2. 金融行业涉及关键信息基础设施的网络设施和信息系统有哪些？

尚未有明确的法规或标准界定过金融行业涉及关键信息基础设施的网络设施和信息系统的边界和范围。在中国银行业监督管理委员会办公厅关于印发《银行业重要信息系统突发事件应急管理规范（试行）》中，监管机构对于何为银行业金融机构的重要信息系统尝试作出定义——"重要信息系统是指银行业金融机构支撑关键业务，其信息安全和系统服务安全关系公民、法人和组织的权益或社会秩序和公共利益，甚至影响国家安全的信息系统。主要包括面向客户、涉及账务处理且时效性要求较高的业务处理类、渠道类和涉及客户风险管理等业务的管理类信息系统，支撑上述系统运行的前置机、客户端、机房、网络等基础设施也应作为重要信息系统的一部分。"该解释可以较为准确地明确金融行业有关关键信息基础设施所对应的关键业务、关键网络设施和信息系统。

《网络安全检查操作指南》确立的金融行业的关键业务如表21：

表 21　金融行业关键业务

金融	• 银行运营 • 证券期货交易 • 清算支付 • 保险运营

3. 金融行业涉及关键信息基础设施的特殊保护措施有哪些？

《关键信息基础设施安全保护条例》要求运营者在网络安全等级保护的基础上，采取技术保护措施和其他必要措施，应对网络安全事件，防范网络攻击和违法犯罪活动，保障关键信息基础设施安全稳定运行，维护数据的完整性、保密性和可用性。鉴此，可以合理推断金融行业关键信息基础设施应当采取的首要保护措施即完成相应的网络安全等级保护认定和维护工作。

此外，针对银行业金融机构，《银行业安全和其他金融服务金融系统的安全框架》尝试从各业务场景出发提出了各项保障措施的推荐，包括但不限于身份识别和鉴别、数据完整性、隐私和机密性、抗抵赖、服务的可用性、可追溯性和审计等。该框架整合了大量具有落地价值的 ISO 标准，对于金融行业关键信息基础设施企业来说具有较高参考价值。

除上述综合型标准外，作为严密关切数据安全的金融业而言，在 2019 年末至今连续发布了系列标准以保障数据安全、个人信息安全和网络安全。此类标准亦可作为金融行业对关键信息基础设施的保护基础，相关标准包括但不限于《金融业网络安全等级保护实施指引》《金融数据安全　数据安全分级指南》《金融数据安全　数据安全分级指南》《金融数据安全　数据生命周期安全规范》《个人金融信息保护技术规范》《商业银行应用程序接口安全管理规范》等。

七、公共服务

1. 公共服务的范围有哪些？

公共服务的范围非常广泛，涉及多个政务部门，理论上可以进一步区分为基本公共服务和基本公共服务之外的公共服务。根据国务院《关于印发"十三五"推进基本公共服务均等化规划的通知》，基本公共服务是由政府主导、保障全体公民生存和发展基本需要、与经济社会发展水平相适应的公共服务。基本公共服务均等化是指全体公民都能公平可及地获得大致均等的基本公共服务。国家建立基本公共服务清单，分为各领域建设类、管理类、服务类。《"十三五"国家基本公共服务清单》包括基本公共教育、基本劳动就业创业、基本社会保险、基本医疗卫生、基本社会服务、基本住房保障、基本公共文化体育、残疾人基本公共服务等 8 个领域的 81 个项目。每个项目的政府主管部门不同，可能为一个政府主管部门，也可能为多个政府主管部门。例如九年制义务教育主管部门为教育部，中等职业教育国家助学金主管部门除了教育部，还包括人力资源和社会保障部，所有公共服务均由财政部拨付款项。具体如下：

（1）基本公共教育

基本公共教育包括免费义务教育、农村义务教育学生营养改善、寄宿生生活补助、普惠性学前教育资助、中等职业教育国家助学金等等，主管部门为教育部、人力资源和社会保障部。

（2）基本劳动就业创业

基本劳动就业创业包括基本公共就业服务、创业服务、就业援助、"12333"人力资源和社会保障服务热线电话咨询、劳动人事争议调解仲裁等等，主管部门为人力资源和社会保障部。

（3）基本社会保险

基本社会保险包括职工基本养老保险、城乡居民基本养老保险、职工基本医疗保险、生育保险、城乡居民基本医疗保险、失业保险、工伤保险，主管部门为人力资源和社会保障部以及国家卫生健康委员会。

（4）基本医疗卫生

基本医疗卫生包括居民健康档案、健康教育、预防接种、传染病及突发公共卫生事件报告和处理、儿童、孕产妇、老年人、慢性病患者、严重精神障碍患者、结核病、中医药健康、艾滋病管理等等，主管部门为国家卫生健康委员会。

（5）基本社会服务

基本社会服务包括最低生活保障、特困人员救助供养、医疗救助、受灾人员救助、法律援助（主管部门为司法部）、退役军人安置等等，主管部门为民政部。

（6）基本住房保障

基本住房保障包括公共租赁房屋、城镇棚户区住房改造、农村危房改造，主管部门为住房和城乡建设部。

（7）基本公共文化体育

基本公共文化体育包括公共文化设施免费开放、送地方戏、收听广播、观看电视、观赏电影（农村居民、中小学生）、读书看报、少数民族文化服务、参观文化遗产、公共体育场馆开放、全民健身服务。基本公共文化体育涉及的主管部门较多，按照行业分别为文化和旅游部及其管理的国家文物局、教育部、国家广播电视总局、国家体育总局。

（8）残疾人基本公共服务

残疾人基本公共服务包括困难残疾人生活补贴和重度残疾人护理补贴等等，主管部门为民政部、住房和城乡建设部、中国残联等多个部门。

上述公共服务为基本公共服务，基本公共服务之外还包括其他公共服务。在《国民经济行业分类（GB/T 4754—2017）》和国家统计局关于修订《三次产业划分规定（2012）》

的通知中并没有与公共服务对应的专门行业门类或者大类。与之相关的门类包括第三产业（服务业）中的教育门类、卫生门类、文化体育和娱乐业门类（包括新闻和出版业等大类）等。

此外，网信办《国家网络空间安全战略》将"教育""科研""工业制造""医疗卫生""社会保障""公用事业""国家机关的重要信息系统""重要互联网应用系统"列为关键信息基础设施的范围，部分行业或者领域也包含公共服务的范畴。

可见，公共服务范围广泛，边界模糊，主管部门众多，具体是否构成关键信息基础设施，需要对每个行业和领域进行识别判断。公共服务领域的重要网络设施或者信息系统等是否构成关键信息基础设施需要由保护工作部门根据制定的关键信息基础设施认定规则负责组织认定。医疗、教育等领域公共服务的保护工作部门为卫生与健康委员会、教育部等；环境保护等公共服务由政务部门直接提供，其本身就是各行业主管部门和保护工作部门。

2. 公共服务涉及关键信息基础设施的网络设施和信息系统有哪些？

《网络安全检查操作指南》确立的公共服务行业的关键业务如表22：

表 22　公共服务行业关键业务

医疗卫生	•医院等卫生机构运行 •疾病控制 •急救中心运行
环境保护	•环境监测及预警（水、空气、土壤、核辐射等）
市政	•水、暖、气供应管理 •城市轨道交通 •污水处理 •智慧城市运行及管控

以医疗卫生行业为例，《卫生行业信息安全等级保护工作的指导意见》规定以下重要卫生信息系统安全保护等级原则上不低于第三级：(1) 卫生统计网络直报系统、传染性疾病报告系统、卫生监督信息报告系统、突发公共卫生事件应急指挥信息系统等跨省全国联网运行的信息系统；(2) 国家、省、地市三级卫生信息平台，新农合、卫生监督、妇幼保健等国家级数据中心；(3) 三级甲等医院的核心业务信息系统；(4) 卫生部网站系统；(5) 其他经过信息安全技术专家委员会评定为第三级以上（含第三级）的信息系统。拟定为第三级以上（含第三级）的卫生信息系统，应当经信息安全技术专家委员会论证、评审。

3. 公共服务涉及关键信息基础设施的特殊保护措施有哪些？

医疗、教育等领域公共服务涉及的关键信息基础设施的特殊保护要求需要遵守本行业规范。以医疗行业为例：

(1) 2016 年国务院办公厅《关于促进和规范健康医疗大数据应用发展的指导意见》要求"加强健康医疗数据安全保障。加快健康医疗数据安全体系建设，建立数据安全管理责任制度，制定标识赋码、科学分类、风险分级、安全审查规则。制定人口健康信息安全规划，强化国家、区域人口健康信息工程技术能力，注重内容安全和技术安全，确保国家关键信息基础设施和核心系统自主可控稳定安全。"

(2) 2018 年国务院办公厅《关于促进"互联网＋医疗健康"发展的意见》要求"加强医疗卫生机构、互联网医疗健康服务平台、智能医疗设备以及关键信息基础设施、数据应用服务的信息防护，定期开展信息安全隐患排查、监测和预警。"

(3) 2018 年国家卫生健康委员会《关于印发国家健康医疗大数据标准、安全和服务管理办法（试行）的通知》规定"责任单位应当按照国家网络安全等级保护制度要求，构建可信的网络安全环境，加强健康医疗大数据相关系统安全保障体系建设，提升关键信息基础设施和重要信息系统的安全防护能力，确保健康医疗大数据关键信息基础设施和核心系统安全可控。健康医疗大数据中心、相关信息系统等均应开展定级、备案、测评等工作。"

(4) 2021 年 7 月 1 日生效的《信息安全技术 健康医疗数据安全指南（GB/T 39725—2020)》主要从数据开放共享角度制定了安全指南，与关键信息基础设施有一定关联，例如对健康医疗信息系统的定义为以计算机可处理的形式采集、存储、处理、传输、访问、销毁健康医疗数据的系统，强调符合关键信息基础设施安全管理等政策的相关通用要求，从医生调阅数据、患者查询数据、临床研究数据、二次利用数据、健康传感数据、移动应用数据、商业保险对接、医疗器械数8个场景规定了数据安全要求。

公共服务如果由政府直接提供或者政府之外的其他组织被授权或者被委托提供公共服务，也需要遵守与公共服务相关的关键信息基础设施的要求。相关国家标准或指南包括：《政府部门信息安全管理基本要求》《政府部门信息技术服务外包信息安全管理规范》《政府门户网站系统安全技术指南》《政务计算机终端核心配置规范》《政府联网计算机终端安全管理基本要求》等。

八、电子政务

1. 电子政务的范围有哪些?

电子政务指政务部门通过网络通信技术等进行行政管理或者提供公共服务。《国民经济行业分类（GB/T 4754—2017）》和国家统计局关于修订《三次产业划分规定（2012）》的通知中，公共管理、社会保障和社会组织门类中包括中国共产党机关，国家机构，人民政协、民主党派，社会保障，群众团体、社会团体和其他成员组织，基层群众自治组织及其他组织6大类，其中国家机构根据《宪法》的规定包含全国人民代表大会、中华人民共和国主席、国务院、中央军事委员会、 地方各级人民代表大会和地方各级人民政府、民族自治地方的自治机关监察委员会、人民法院和人民检察院。

简言之，电子政务并非仅指国务院政府部门的电子政务网络设施和信息系统等，还可以从广义上包含党机关、立法机关、监察机关、审判机关、检察机关、政协等组织或者团体。

电子政务和公共服务可能发生重叠，且与其他行业不同，电子政务本身由政务部门提供，部分部门本身就是各行业主管部门和关键信息基础设施保护的工作部门。

2. 电子政务涉及关键信息基础设施的网络设施和信息系统有哪些？

根据《国家电子政务总体框架》，国家电子政务总体框架的构成包括：服务与应用系统、信息资源、基础设施、法律法规与标准化体系、管理体制。

国家标准《电子政务标准化指南》第 1 部分"总则"的相关定义为：（1）电子政务指政务部门应用信息技术，结合技术的实施过程来强化政府与政府、政府与企业以及政府与公众之间的信息沟通与互动，提高并改进政府管理与服务水平的工作模式；（2）电子政务系统指政务部门应用信息技术支持履行政府管理与服务职能的信息系统；（3）电子政务系统工程项目指电子政务网络、业务信息系统、基础信息库、电子政务网络与信息安全保障体系相关基础设施，电子政务标准化体系等系统的建设项目。

《网络安全检查操作指南》确立的电子政务的关键业务如表 23：

表 23　电子政务关键业务

政府部门	•信息公开 •面向公众服务 •办公业务系统

3. 电子政务涉及关键信息基础设施的特殊保护措施有哪些？

中国正式发布且现行有效的电子政务网络安全国家标准或者指南主要集中在电子政务标准化指南和基于云计算的电子政务公共平台，此外还包括《电子政务系统整体设计要求》《电子政务移动办公系统安全技术规范》等。

电子政务标准化指南包括：《电子政务标准化指南》第 1 部分"总则"《电子政务标准化指南　第 2 部分：工程管理》《电子政务标准化指南　第 3 部分：网络建设》《电子政务标准化指南　第 4 部分：信息共享》《电子政务标准化指南》第 5 部分"支撑技术"。

基于云计算的电子政务公共平台国家标准包括总体规范、技术规范、管理规范、服务规范、安全规范等。

根据《云计算服务安全评估办法》，为提高党政机关、关键信息基础设施运营者采购使用云计算服务的安全可控水平，云服务商可申请对面向党政机关、关键信息基础设施提供云计算服务的云平台进行安全评估。截至 2021 年 12 月 24 日，已有 65 个云平台通过中国网络安全审查技术与认证中心评估，评估有效期为 3 年。

九、国防科技工业

1. 国防科技工业的范围有哪些？

国防科技工业是国家的战略性特殊产业，国防科技工业是我国历次五年计划中的重点建设项目，发展国防科技工业的主要目的为保障国家安全，国防科技工业的信息安全直接关乎国家安全。根据国家国防科技工业局网站的公开介绍，国防科技工业包括核工业、航空、航天、兵器、船舶、军事电子，包括国防军事和武器装备研发生产，向军队提供军需品等。

国防科技工业行业的重要网络设施或者信息系统等是否构成关键信息基础设施需要由保护工作部门根据制定的关键信息基础设施认定规则负责组织认定。国防科技工业行业的关键信息基础设施保护工作部门为本行业和领域的主管部门、监督管理部门，即工信部下属的国家国防科技工业局。国防科技工业和军队密切相关，根据《宪法》及相关法律规定，军队及武装力量由中央军事委员会和国防部领导管理，军队信息安全还需要遵守专门规定。

2. 国防科技工业涉及关键信息基础设施的网络设施和信息系统有哪些？

国防科技工业涉及重大国家安全利益，其网络设施和信息系统多涉及国家秘密，不宜为外界公知。例如，根据《保守国家秘密法》的规定，国防建设和武装力量活动中的秘密事项应当确定为国家秘密。再如，《科学技术保密规定》规定，国家科学技术秘密关系国家安全和利益，泄露后可能造成下列后果之一的科学技术事项，应当确定为国家科学技术秘密：(1) 削弱国家防御和治安能力；(2) 降低国家科学技术国际竞争力；(3) 制约国民经济和社会长远发展；(4) 损害国家声誉、权益和对外关系。

《网络安全法》第 78 条规定，军事网络的安全保护，由中央军事委员会另行规定。

3. 国防科技工业涉及关键信息基础设施的特殊保护措施有哪些？

《刑法》第 285 条规定，违反国家规定，侵入国家事务、国防建设、尖端科学技术领域的计算机信息系统的，处三年以下有期徒刑或者拘役。该条罪名为非法侵入计算机信息系统罪，犯罪对象为国家事务、国防建设、尖端科学技术领域的三类计算机信息系统，如果侵入的计算机信息系统并非国家事务、国防建设、尖端科学技术领域，并不构成本罪。根据司法解释，"计算机信息系统"和"计算机系统"，是指具备自动处理数据功能的系统，包括计算机、网络设备、通信设备、自动化控制设备等。

网络技术和设施从军事用途向民事用途转化可以更好地发挥经济效用，协同社会民间技术与资源"共治"可以更好地保护关键信息基础设施。《关键信息基础设施安全保护条例》第38条规定，国家加强网络安全军民融合，军地协同保护关键信息基础设施安全。

十、其　他

1. 其他重要行业和领域的重要网络设施、信息系统是否可能构成关键信息基础设施？

（1）其他重要行业或领域的重要网络设施、信息系统和国家安全、国计民生、公共利益的关联程度？

《网络安全法》和《关键信息基础设施安全保护条例》明确列举了8个属于关键信息基础设施的行业，分别为公共通信和信息服务、能源、交通、水利、金融、公共服务、电子政务、国防科技工业。但是，《网络安全法》和《关键信息基础设施安全保护条例》规定其他"重要行业和领域"也有可能构成关键信息基础设施，包括"其他一旦遭到破坏、丧失功能或者数据泄露，可能严重危害国家安全、国计民生、公共利益的重要网络设施、信息系统等。"例如，测绘、地图等地理信息系统，其关键信息基础设施保护工作部门为自然资源部。因此，国家安全、国计民生、公共利益是判断是否可能构成关键信息基础设施的重要标准。

《国家安全法》对国家安全的定义为，国家政权、主权、统一和领土完整、人民福祉、经济社会可持续发展和国家其他重大利益相对处于没有危险和不受内外威胁的状态，以及保障持续安全状态的能力。《国家安全法》体现了"总体国家安全观"，以人民安全为宗旨，以政治安全为根本，以经济安全为基础，以军事、文化、社会安全为保障，以促进国际安全为依托，维护各领域国家安全，构建国家安全体系。"总体国家安全观"的每一项都有其内涵，例如经济安全包括了关系国民经济命脉的重要行业、金融安全、资源能源、粮食安全等。

国计民生指国家经济和人民生活，涉及各个行业，定义范围大于国家安全。

公共利益在中国各类法律中均经常出现，但是很难对其范围进行准确界定。整体上理解，公共利益涉及和影响众多个人，为众多个人的共同利益，所涉及的利益关乎众多个人共同、普遍、基本和重要利益。

中央网信办《国家网络安全检查操作指南》所列举的行业包括"面向公众提供网络信息服务或支撑能源、通信、金融、交通、公用事业等"，"对国家政治、经济、科技、社会、文化、国防、环境以及人民生命财产造成严重损失。"

（2）其他重要行业或领域的重要网络设施、信息系统和国家安全、国计民生、公共利益的重要程度？

并非所有涉及国家安全、国计民生、公共利益的重要网络设施、信息系统等均可能构成关键信息基础设施，只有一旦遭到破坏、丧失功能或者数据泄露，危害程度达到"严重"的，才可能构成关键信息基础设施。

（3）第一产业（农林牧渔及辅助性活动）与关键信息基础设施的关联度大吗？

比照《国民经济行业分类（GB/T 4754—2017）》和国家统计局关于修订《三次产业划分规定（2012）》的通知，第一产业（农林牧渔及辅助性活动）基本不在《关键信息基础设施安全保护条例》列举的公共通信和信息服务、能源、交通、水利、金融、公共服务、电子政务、国防科技工业 8 类产业之中。其中能源行业主要属于第二产业；公共通信和信息服务、交通、水利、金融、公共服务主要属于第三产业；电子政务、国防科技工业不是一种专门的产业门类，电子政务主要指政府机关以电子方式处理国家事务或者公共事务，国防科技工业主要指涉及包括核工业、航空、航天、兵器、船舶、军事电子。

（4）哪些第二产业和第三产业（服务业）与关键信息基础设施的关联性较小？

第二产业的制造业门类、建筑业门类，第三产业的批发零售业门类、住宿和餐饮业门类、房地产业、租赁和商务服务业、科学研究和技术服务、居民服务、修理和其他服务、国际组织均不在《关键信息基础设施安全保护条例》列举的 8 类关键信息基础设施之中。这些行业的重要网络设施、信息系统等是否构成关键信息基础设施，需要根据关键信息保护工作部门的认定来判断，判断依据为一旦遭到破坏、丧失功能或者数据泄露，可能危害国家安全、国计民生、公共利益的严重性达到所列举的 8 类行业或者领域同等程度。

（5）制造业是否可能构成关键信息基础设施？

值得注意的是，制造业门类整体并未被《关键信息基础设施安全保护条例》明确列举为关键信息基础设施，但是网信办《国家网络空间安全战略》将"工业制造"列为关键信息基础设施的范围，公安部《贯彻落实网络安全等级保护制度和关键信息基础设施安全保护制度的指导意见》也将"工业控制系统"列为关键信息基础设施的范围。《网络安全检查操作指南》列举的可能构成关键信息基础设施的工业制造关键业务如表 24：

表 24　工业制造关键业务

工业制造 （原材料、装备、消费品、电子制造）	• 企业运营管理 • 智能制造系统（工业互联网、物联网、智能装备等） • 危化品生产加工和存储管控（化学、核等） • 高风险工业设施运行管控

2. 非关键信息基础设施是否需要参与关键信息基础设施保护体系？

中国法律不强制性要求非关键信息基础设施参与关键信息基础设施保护体系，但是国家鼓励关键信息基础设施以外的网络运营者自愿参与关键信息基础设施保护体系。

是否构成关键信息基础设施需要关键信息基础设施保护工作部门认定，在关键信息基础设施保护工作部门正式认定之前，如果自行判断构成关键信息基础设施的可能性比较大，或者尽管不构成关键信息基础设施、但自行判断对国家安全、国计民生、公共利益可能构成严重危害，均可对特定重要网络设施、信息系统等参照关键信息基础设施的要求，有选择性地选取特定技术和管理措施进行保护。

3. 如何理解关键信息基础设施与数据保护的关系？

中国《网络安全法》《数据安全法》《个人信息保护法》共同搭建了网络安全和数据保护的顶层法律框架和体系。《网络安全法》分别规定了网络安全和信息安全，网络运行安全中包含关键信息基础设施的运行安全，网络信息安全主要包含个人信息保护要求。《数据安全法》规范数据处理活动及其安全监管，《个人信息保护法》仅适用于个人信息。对关键信息基础设施的保护除需要遵守《网络安全法》关于网络安全保护的一般性规定，还需要遵守一般性规定之上的增强规定；关键信息基础设施所处理的数据如果构成《数据安全法》所规定的核心数据、重要数据，需要重点保护；关键信息基础设施所处理的数据如果为个人信息，需要同时遵守《个人信息保护法》。此外，如果关键信息基础设施处理的数据如果构成国家秘密，需要遵守《保守国家秘密法》。

4. 如何理解关键信息基础设施与所有制关系？

关键信息基础设施涉及与国家安全、国计民生、公共利益有重要关联的行业或者领域，这些行业或者领域多分布在国有企业（包括国有独资公司或者参股公司），但是并非仅国有企业才涉及与国家安全、国计民生、公共利益相关的行业或者领域，也并非所有国有企业的网络设施、信息系统等均属于关键信息基础设施。中国的国有制和集体所有制统称为公有制，集体所有制企业也有可能运营关键信息基础设施。此外，一些行业协会如果承担公共管理职能，其网络设施和信息系统等也有可能构成关键信息基础设施。《关键信息基础设施安全保护条例》也并未排除外商投资企业、民营企业。具体以关键信息基础设施保护工作部门认定为准。

此外，可能构成关键信息基础设施的行业或者领域有可能由不同的政府部门管理或者不同企业运营。例如测绘地理信息主要管理部门为自然资源部，但同时涉及交通运输部和工业和信息化部的管理职责。

再如，国防科技工业所涉核工业、航空、航天、兵器、船舶、军事电子6大领域，分属不同的产业集团，例如核工业属于中国核工业集团、中国核工业建设集团，航天属于中国航天科技集团、中国航空工业集团等。